プロヴァンス・ラベンダーの里をたずねて

okitsu hidenori　興津 秀憲

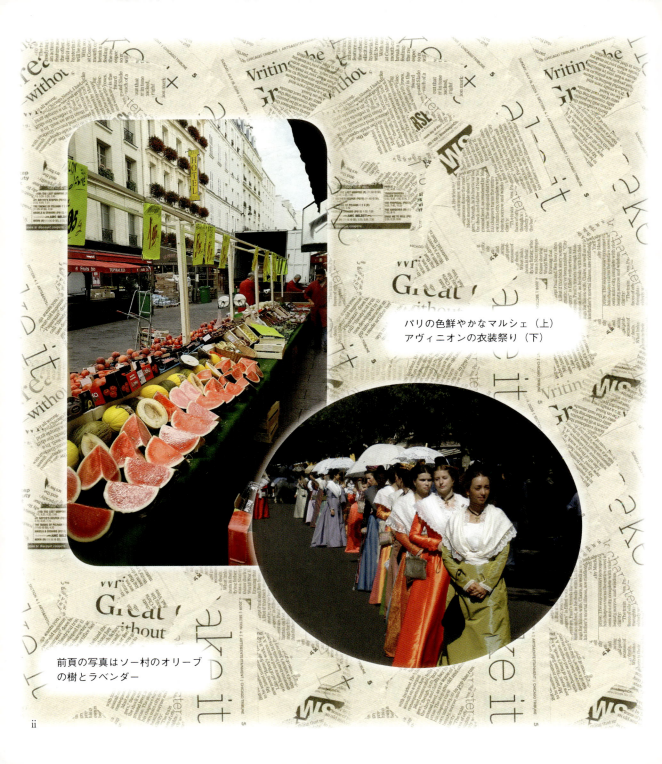

パリの色鮮やかなマルシェ（上）
アヴィニオンの衣装祭り（下）

前頁の写真はソー村のオリーブ
の樹とラベンダー

アルル：ゴッホが描いた跳ね橋（上）
エズ村の石段（下）

ソー村:
美しい田舎の風景（上）
蒸留のシステムの模型（左）
採りたてのラベンダーウォーター（右）

ソー村のラベンダー畑で（ラベンダー風呂）
ツアーご参加のみなさま（上）と著者（下）

ゴルドの街並みは壮観

マルセイユ港の監獄島イフ島（上）
セナンクの修道院。連作障害を避けるために数年に一度ラベンダーの代わりに麦畑にしている。大変珍しい風景（下）

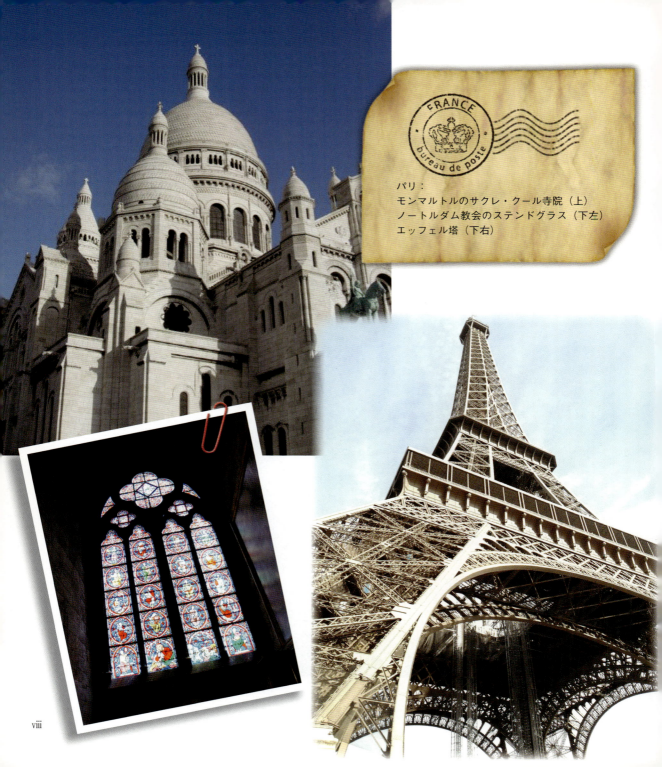

パリ：
モンマルトルのサクレ・クール寺院（上）
ノートルダム教会のステンドグラス（下左）
エッフェル塔（下右）

arôme
【香り】

プロヴァンス・ラベンダーの里をたずねて

Okitsu Hidenori

本の泉社

フランスのヨーロッパ本土地域圏とプロヴァンス地方の地図

注：フランスのヨーロッパ本土地域圏は2016年に22から13に再編されています。上記は本書ツアー当時、再編前のものです。

はじめに

　皆様「アロマテラピー」ってご存じでしょうか。日本語に直訳すれば、「アロマ＝芳香、テラピー＝療法」芳香療法となります。植物由来の天然香料「精油」＝「エッセンシャルオイル」を使って、人の体と心に働きかける療法の事でございます。もともと私興津選手は、1980年代に渡欧した際にエッセンシャルオイルを発見し購入。単純にお店で見つけただけなのですが、大変興味を持ちました。

　（何故選手と呼称するのか？　それは、……海外に出かける時は、ロビンフットのように勇敢に！　あるいはドンキホーテのように間抜けで楽しく…どちらかと言うとドンキホーテのパーセンテージが高いですが。西洋文化と戦う！あるいは挑戦をするアスリート！という意味で、興津選手と自称する事にしています。海外に出るときは刹那、刹那の戦いである。決して負けることのできない戦いがここにある！！！　位の勢いで出掛けています……。何もそこまで……と思いますが、日本男児たるもの恥ずかしい行動は避けねば、という思いでもございます……）

この発見で「精油」の魅力に憑りつかれてしまいました。購入してきた精油を使い切ったので、日本国内で販売店を探したのですが、（現在と異なりまして、インターネットが普及していない時代でございます）販売店が少なく、やっと見つけたら無茶苦茶お値段高し！！

　それじゃ〜〜いっそのこと自分で輸入しちゃおう、と無謀な挑戦を始めたわけであります。その後当社は日本で初めて、精油のインターネット通信販売を開始した会社となりました。最初のうちは、手探り状態で渡欧を繰り返しまして、それこそ「赤ずきんちゃん」がオオカミのいる町（欧州）にこわごわ出かけていく感じでしたが、（誰が赤ずきんなんだか！！？？笑）興津選手はいまだに年に何回か買付といいますか、視察といいますか、ヨーロッパに出かけています。日本とは大いに異なる文化ですので、そこではいろいろな経験をしますし、未だに新しい発見があります。

　例えば……。

　あれ？何じゃ〜これ？（特に食べ物に多いですね……）　これどうすればいいんだ？（地下鉄の乗り方など）　この国の方々とのかかわり方はどうすれば？（特にビジネスの時に感じます）　勝手に思い込んだ内容とか〜〜（他人様に聞くのもなんだし……これでいいだろ〜〜思い込みで大失敗をやらかしたり）　これおもしろ！！（パリのショーウインドー見物は飽きません……）

　その他、街歩きの時の様子とか、今回は特に、皆様が渡仏するときにもしかしたらお役立てになるかもというヒントを書き込んでみました。とにもかくにも……頓珍漢（トンチンカン）な事ばかり（爆笑な事・ご迷惑な事・困った事・発見

はじめに

した事・感性の差とか・異種文化交流←そんな高尚な事でもありませんが……）してしまっています。

　もし〜〜読者の皆様がフランスにお出かけになる前に、「へえ〜〜そ〜〜なんだ」という一つの情報として、私の経験を取り込んでいただければ幸いかな？と勝手に思いこんでいます。あるいは、ヨーロッパ事情通の方には「そうそう！！そーなんだよね。こんな事あるよね〜」と言う感じで、なんとなく納得頂けるという……どうでもいいけど、ちょっとした…海外情報を切り抜いてみました。

　でも〜〜あまり細かい所は気にしないで、軽〜〜い気持ちでお目通しくださいませ〜。

　今回は、興津選手の経営する株式会社フレーバーライフ社の創業15周年を記念いたしまして、過去にヨーロッパに出かけてきた興津選手の経験と蓄積を一方的に押し付ける（？）大々的なツアーを組む事にいたしました。今回は2012年7月16日成田発マルセイユ3泊、パリ3泊のツアーとなりました。

　実は当社は毎年南フランス・プロヴァンス地方に出かけまして「ラベンダー」の生育状況を確認しに行くんですね。これは個人で行くのは難しいと思います。よっぽど慣れた方ならともかく、「初めてのおつかい……」いえ、初めての訪仏となると…費用もかさみますし、勝手も知らないでしょうから大変だと思います。1人でも行こうと思えば行けますが、手慣れた

人と一緒に行くと何かと便利でしょう。

　パリとかマルセイユとかニースとかの大都市に行くだけなら、頑張れば初めてヨーロッパに出かける方でも何とかなると思います。でもプロヴァンスの山の中、つまりあの内陸まで入り込むのは、何回か訪仏された方ならなんとか苦労の末……という感じではないでしょうか。

　例年、運転手さん付きのコーチ車（8人乗りのワゴン車）で出かけますので、当社スタッフと興津選手、運転手さん、通訳さん、と乗り込んでも、4名様分の空スペースがあるわけです。

　どうせこのコーチ車の費用は一緒ですし、会社経費になりますから、もし行きたい人がいましたら一緒にいきません？という軽いノリで会員様数名様と「ご一緒ツアー」を隔年で組んでいます。今回はこの拡大バージョンとなりました。

　これもまたものすごい話でして、基本的に現地集合！現地解散！！つまり、アヴィニオンとか、マルセイユのホテル前に、〇月◎日〇〇時に集合！！ってなもんです。過去には日本から「ハンガリー」に留学されている留学生の方が現地集合されたりとか、日本から現地までご一緒させていただいてこのツアー終了後に単身でスペイン方向へ向かわれた女性の方とか、日本人の活動もグローバルになったな～～と頼もしく感じさせてくれます。しかし、海外で人間観察をしていますと、単身で活動的なのは圧倒的に女性ですね～～。ほんとに日本女子……元気な方々だこと。

arôme 【香り】　プロヴァンス・ラベンダーの里をたずねて

....

table des matières　もくじ

はじめに……………………………………………… 11

その1　ほんとに行くの！？　　20
その2　いきなり事件発生！！　　26
その3　イザ機上の人へ　　33
その4　早朝の涼やかなシャルルドゴール空港に放出　　42
その5　南仏　マルセイユ　プロヴァンスの空気の色にとけ込んで　　45
その6　あれっ？　荷物が出てこない　手荷物ロスト？！！　　51
　　　　　おまけフォトギャラリー　　55
その7　アルルの街に放牧　ありゃりゃ！　こりゃ大変だ！　　56
その8　ランチだぞ〜！IN　アルル　　60
その9　真夏のお昼のロゼワイン　　64
その10　チェックイン　マルセイユ　　69

その11　夕暮れのレストラン　テラスにたたずむ7人の日本人　　　74
その12　ツアー初めての朝＠マルセイユ　　78
その13　まってました！！　世界のラベンダーの里「ソー村」　　　83
その14　オープン・ザ・ラベンダー蒸留釜　　88
その15　陽気なイタリア人も急遽参入　みんなの写真撮影大会　　　94
その16　天空の城「ゴルド」　　98
その17　プロヴァンスの観光ポイント「セナンク修道院」
　　　　さて、おススメは？　　　102
その18　本ツアー　メインイベント終了
　　　　マルセイユまでの道中に想うこと　　　108
その19　おいしいレストランの選び方（これホンキに重要！！）　　　111
その20　マルセイユのオプショナルツアーは「カシ」で決まり！　　116

その21　観光地の名物乗り物「プチトラン」　129

その22　おじさんの二人づれ、エクサンプロヴァンスへ（似合わね～）　134

　　　　おまけフォトギャラリー　140

その23　エクサンプロヴァンス（南仏の軽井沢？）　142

その24　おいしいブイヤベース食べたあ～い！　147

その25　記憶に残る小さな港のレストラン　152

その26　なぜ汗だくに？　TGV乗車　157

その27　Paris　入城　165

その28　パリ添乗員さんのパイロットランプ（ご説明）　173

その29　「チーズとポテトのトルコアイス風」　177

その30　ヨーロッパのホテルって　182

その31	パリ市内気軽に貸し自転車「ベリブ」	
	でも運転には気をつけて！	186
その32	夜のパリの魔法　エッフェル塔のライトアップ＆……	191
その33	タクシーさんお願い……	196
その34	興津選手の適当な（良い加減(イイカゲン)）な観光案内	201
その35	清々(すがすが)しい朝のモンマルトル「サクレ・クール寺院」	206
その36	「山の神様」よりのミッション（ご下命）	211
その37	謎の呪文「バケットトラディション・トロア・シルブープレ」	217
その38	パリのLAST NIGHT　ムーランルージュ	224
その39	ワクワクドキドキ　ムーランルージュ	228
その40	お帰りはタクシーで！	232
その41	最終にて最大ミッション	237
その42	ヨーロッパ出国　CDGでのお仕事	244
その43	興津選手らしいな～～成田の流れ解散～～	250

おわりに……………………………………………… 254

その1
ほんとに行くの！？

　まずは企画会議スタート。日本国内のお話から……。
　お待ちかね〜〜〜。頓珍漢(トンチンカン)西遊記スタートです〜〜。（影の声…だれもまってないよ〜〜）頓珍漢西遊記とは、フレーバーライフ社の社長ブログとして、不定期ですが、発行するときの題名です。まさに「トンチンカン」な興津選手の言動と欧州で感じた事柄を、ゆる〜くまとめてみた西遊記です。
　それでは今回のツアーのそもそもの発端から。
　とある日の当社営業会議の中での会話；

（E部長）　　社長。当社も創業15周年を超えたんですね〜〜。
（興津）　　　そうだね〜〜。
（K部長）　　社長。何か企画しませんか？
（興津）　　　例えば？
（F部長）　　都内のホテル辺りで、お客様、お取引先様にお集まりいただいて、記念式典とか、講演会とかでどうでしょう？
（興津）　　　そんなの絶対いやだ〜〜〜。

そもそも当社のお客様は全国にいらっしゃるんだから、片寄っちゃうし〜〜〜。それに、人前でしゃべるのいやだし〜〜。

(3部長)　（苦笑：うそこけ。しゃべるの好きでしょ〜〜〜）

(興津)　そうだ！！！フランス：プロヴァンス（リュベロン地方：プロヴァンス地方の中にあるリュベロン地方自然公園のこと）のツアーを組もうよ！！　今回は大胆に、現地で観光バスをしたてる位の人数で行こ〜〜ぜ〜〜。

(3部長)　（しまった！！火に油をそそいじゃった。でもね〜〜。バスに乗る位の人数なんて集まんないよ…無理無理！！……ウスラ笑い）

(興津)　でもね〜〜。バスを組むぐらいというと何か特典がないと募集人員に満たないかも。そうだ！！　都内でパーティやったと思って、大胆に補助金だして、集まっていただこう！！　当社ネット通販会員様に募集を掛けよう！！

(3部長)　エッ！！！

(興津)　そうだね！！　創業15周年だから、1人15万円の補助金にしよう！！　総勢30人で！！

(K部長)　社長！！　そりゃ無謀ですよ！！　そんなに集まらないし、その金額は大きすぎる！！　それに「景品法」の関係もあるから、それは無理です。（断言）

（興津）　　　　そうなの〜〜。（不満…顔）
（K部長）　　　景品法調べてみます。一旦預かりで…。
（興津）　　　　了〜解〜。でもツアーは敢行するぞ〜〜！！！（断言）
（3部長）　　　あきらめ顔。

　という微笑（ホホエマシイ）議論がありまして、このツアーの企画はスタートする事になりました。

　日頃からの「ごひいき」に感謝して、過去におこなってきた視察ツアーの完成形として、いままで培ってきたエキスを存分に込めて。多分に興津選手の独りよがりの所もありますが、こんな形で企画スタートです。

　その後の調べで、やはり景品法の関係もありまして、お一人様15万円は無理でありました。景品法にのっとった形で、お一人様10万円の補助と決定いたしました。

　さあ！！イザ！！募集を掛けさせていただきましたところ、総勢23名の方にお集まりいただきまして当社のスタッフ3名と添乗員さん1名で、合計27名となりました。

　そして、以前に当社ツアーに現地集合でハンガリーからお越しになられたSさんからも参加申し込みがあり、加えて合計4名のハンガリー留学生の方がお越しになる事になり、現地では、31名という大所帯になりました。

（K部長；影の声。まさかホントにこんなに集まるとは思わなかった！！）

　まあ、当社は旅行業の認可は受けていませんので、大阪にある㈱ツアー

デスクの橋本さんにツアーの手配＆添乗は全部お任せでございます。

別に宣伝ではありませんが、この旅行会社さんは「フランス」にはめっぽう強い旅行会社さんでありまして、当社ではフランス行程でしたらどんなことでもどんどん頼んじゃいます。

今回は腕っこきの「橋本さん」が添乗で同行してくれる事になったので、心底安心していられます。さすがに興津選手と当社のスタッフ計3名では身が持ちません。

航空便ですが、催行1カ月前には人数を確定しないとキャンセル料金が発生しちゃうんですね。橋本さんは、あのエールフランス航空（以下AFとします）の277便（成田夜発）の便を30名で仮予約をしてあります。さすがグッジョブ！！

この便は人気のある便なので、なかなか座席を取れない便でもあります。

（調べました！！──羽田発22：15 シャルルドゴール空港〈以下CDGとします〉着04：00──2014年6月現在）朝の4時にCDGに着きますので、スーツケースを引きずりだして到着ロビーにくると5時過ぎでしょう。現地空港業務が始まる時間になります。この時間だとホントに便利です。CDGはヨーロッパのハブ空港（自転車の車輪のスポークの中心をハブと言います）なのでヨーロッパ各国にトランジット（乗り継ぎ）して出かけるのは非常に具合が良いです。たとえばマドリッド（スペイン）などに行く場合この時間に乗り継ぎすれば、確実に「おてんとうさま」の高いうちに（明るいうちに）ホテルに投宿できます。こりゃ便利でっせ……。（これは非常に重

要です。なにせ安心していられます）

　以前に日本人の外交関係の仕事をされている地方公務員の方から聞いた話ですが、日本からスペインに向かわれた時のことです。スペインへの直行便は当時はありませんでした。（2016年10月より、イベリア航空の直行便ができました）その方はCDG空港からではなく、フランクフルト空港でトランジットしてマドリッドに入ったそうです。冬場でもあったので、ホテルに到着した時はもうすでにあたりは暗くなっていたそうです。ホテルのレセプションでチェックインして、自分の部屋に向かうためにエレベーターに向かいました。そのホテルはいったん表に出て、専用のエレベーターで部屋に向かうシステムだったそうです。つまりこのエレベーターを使うのは間違いなく旅行者であると言いふらしているようなものですよね。

　そのエレベーターを待っている時に後ろから2人組に襲われたそうです。どんな襲われ方かと言うと、とんでもなく乱暴な襲われ方でして、なんと！首を絞められたそうです。これ「昏睡強盗」という手法らしく、失神……？死亡の一歩手前…まで追い込まれて意識がなくなった時に身ぐるみはがされたそうです。パスポート・現金・カード・所持品 etc. です。さすがに途方にくれたそうです。

　パスポートを盗まれたり、落としたりしたらホントに何もできなくなりますし、再発行まで時間もかかりますので、皆様ぜひぜひお気を付けくださいませ。

　さて、そんな経過をたどりましてツアー開始です。参加の皆様から旅行

その1　ほんとに行くの！？

　代金を㈱ツアーデスクさんで精算していただきまして、全国から成田集合！！　時間通りに皆様お集まりいただきました。
　ここで恒例の記念写真をパチリ。（**写真**）なんと、「株式会社フレーバーライフ社創業15周年記念ツアー」という横幅10メーター位の横断幕まで作っておきました。その横断幕を成田空港の集合場所で広げて、空港内で他のお客様もいらっしゃる中で、堂々と写真撮影。（スミマセン）
　本当は、集合場所・休憩室として空港の部屋を借りたかったのですが、成田空港のこのウイングには貸出す部屋がないとのことなので、やむなく……やむなくですよ…。ライオンビアショップの前です。やっちまいました……。集合写真〜〜〜！！！
　あはははは、純和風な行動でございますこと。

25

その2
いきなり事件発生！！

　さっそくやっちまいました！！！　いえいえ、集合写真の事ではなくて、当社のスタッフさんです。やらかしてくれました。スタッフ2名と興津選手は時間に余裕をもって成田空港でお客様をお待ちしよう！！という事で、集合時間の約1.5時間前に成田到着。さすがに早すぎです。ここでお腹も空いてきたので、何か簡単に食べよう。という事になりました。

　先にお話に出てきました、ライオンビアショップさんに入りまして軽く食事。まあ食事と言いましても、ここはライオンビアショップさんですので、まあ軽く一杯。という算段です。（おいおいこれからお客様も見えるのに……ビールか？？）……まあいいじゃん。あまり堅苦しくならないで～～～（笑）やっぱりビールは大ジョッキが一番！！（満足・満足）

　今回当社のスタッフは3名。興津選手と（K女子・S女子）で構成されています。興津選手がライオンビアショップさんで軽くやっていると、この女子2名もトイレから帰ってきまして合流です。その時K女子が、あれ？？？携帯？？？携帯がない！！会社の支給携帯がない！！と青い顔し

て鞄をがさごそやっています。
- （K女子）　　社長。ホントに無いんです。さっき成田に着いてから、会社に電話したから、ここまではもってきたんです〜〜〜。
（オイオイ！！）
- （興津）　　　一応その携帯に電話してみてよ。電話番号は？
- （K女子）　　じつは、先日携帯変えたので、まだ社用の携帯番号を私物の携帯電話に移していないんです。（S女子に向かって）この間、社内メールを流したけど、携帯番号入れてくれてる？
- （S女子）　　エ〜〜〜？？？　その社内メールいつ出した？　私まだ確認してないわよ？
- （K女子）　　困った！！！

ところが、K女子の私用携帯を丹念に調べてみたら発信履歴があり、電話してみることに。ツルルル・ツルルル……カチャ「もしもし……」。電話に出てくださった方がいらっしゃいました。「今さっきトイレに置いてあった。とお届けいただいた方がいらっしゃいましたよ」なんと、K女子がトイレに行った時に洗面に置き忘れてきたらしく、空港事務所に届いていました。

- （K女子）　　「ありがとうございます。助かりました」

身分証明書代わりにパスポートを持って受け取りにダッシュです。これがフランスだったら、（というか、多分ほかの国でも）即座に無くなってい

ます。電話を掛けられ放題。回線止めるまで使用されてしまいます。当然料金の請求だけはこちらに来ます……。

　実は、以前に興津選手はパリの地下鉄内でレンタルの携帯電話をスられてしまったことがありました。その場合は、スられた場所に近い警察署に申告しなければいけないのです。日本の損害保険会社からファクスでパリホテルのレセプションを通じて送ってもらった損害保険申請用書類に記入して、パリ市内の警察署へ届け出が必要でした。フランス語なんてんでダメなんだけれど、何とか書類は受理してもらって、日本に帰国。帰国後この書類を使って保険請求ができましたので、興津選手本人の実害はありませんでしたが、警察署に通知し、日本国内で携帯電話の通信を止めるまでの間の通話料金は請求されました。（公用語は当然フランス語、英語では書類の受付をしてもらえませんでした）

　携帯電話のバッテリーがなくなるまで使われたのか、１万５千円位の通話料金を請求されてしまいました……。通話料金は、パリから日本に電話をかけて、その通話がパリ市内まで回ってくるという地球を一周するぐらいの距離を移動した会話ですので、そりゃ通話料金も高くなるわけでさぁ。（がっかり……）警察署への盗難届が必要になり、日程を大幅に変更せざるを得なかったという経験を、自慢じゃないけど、興津選手は持っています……。日本は良い国です。（本当に良い国ですよ〜〜しみじみ）（本音；しかし、これからだっちゅうに、先々が思いやられる。。。）

　よかった。よかった。まあ携帯も見つかったし一安心。とりあえずビー

ルでも飲もう。(なんで！そこで安心して飲んでるんだ〜〜何がとりあえずなんだ〜〜！！) ここはあくまでも、能〜〜天気に行きましょう。

　さあ、ご参加の会員様にも首尾よくご集合いただきました。写真も撮りました。橋本さんから各人の搭乗券を受け取り、手荷物を預けてチェックイン。ここでいったん解散し、搭乗ゲートで集合です。多少の両替もすませ手荷物検査所へ。税関を抜けて、出国手続きへ。

　成田では、まず航空会社さんのカウンターでスーツケースを預けます。行きはお土産もなくスカスカでしょうし、軽いのでなんら問題なく預かって貰えますが、帰りの時に重量を超えていると大変なことになります。

　以前ですが、CDG帰りの航空カウンターの前でスーツケースを満開に開陳して、相当の重さ程度のものをスーツケースから取り出して手荷物に切り替えたこともあります。(相当はずかしかったけど……) だって「３万円かかるぞ〜〜」ってエールフランスのお兄さんから宣告されたときは、ちょいとまってちょっとまってお兄さん…的に。まわりの人からはスーツケースの中身丸見えです……下着はかくしてありますけど…。

　それとこのチェックインの時に注意しなければならない事は、航空チケットの購入方法にもよりますが、乗り継ぎでチケットを購入している場合はスーツケースは自動的に最終目的地に着きますので、トランジットの時間内に必要なものは機内持ち込みにしておかねばなりません。たとえば常用薬とか歯ブラシ、結構気が付かないんですけど男性なら電気髭剃り等

ですね。あとお金です。

　今の日本円はほんとに強くなりました。興津選手が初めてヨーロッパに出かけた時は、トラベラーズチェックでした。（現在では死語の世界……今は姿かたちを見ませんよね）今ではフランスの片田舎の銀行でも現金の日本の壱万円札を出しても「両替」をしてくれます。非常〜〜に便利この上なし。しかも今では、おおよその場所で「クレジットカード」が使えますので、大きな金額の両替も必要ありません。興津選手は現地でどうしても使う現金、たとえば公共バスであるロワシーバス用のお金とか、飲料水用のお金とかの小口現金として３万円程度を現地通貨に両替しますが、たいていは使い切らずに普通〜〜に現地通貨を余らかして帰ってきます。コインも含めて日本の自宅に置いておいて、次回に出かけた時に使ったりします。

　まあ、ユーロとかポンドなら次回に使うのでいいんですが、その他の通貨の場合は気を付けて両替します。だって帰ってきて日本円に両替しようとするとまた両替手数料を取られるし、コインは両替してくれません……。（ケチッ！）スイスフランとか……他国通貨には気を付けましょう。

　成田では、航空会社さんのカウンターで荷物を投げ入れたら、（航空会社に預けたら）両替はその後の作業でございます。日程にもよりますがおおよそ２〜３万円を両替しておくと良いと思います。今回はフランスのみなのでユーロだけで大丈夫。成田で両替をしましょう。現地に到着した

瞬間に日本円は使えません。（当然ですが……）今回はレートが良い！　1ユーロ100円で換金できました。円も強くなりましたね〜〜。（ツアー実施2012年時点）

　円高になっているのは日本経済が強いのではなく世界中の通貨が弱いのかもしれませんし、資金運用先が消去法で日本円になってしまったからなのかもしれません。（本書執筆時点の2015年では円安が進んでいます。1ユーロ約135円位です）おかげ様で現地では過去になく安さを感じました。2012年以前の渡仏経験で食事が高い！！と思っていましたが、今回は安い！と感じました。

　現金以外ですと、クレジットカード利用になります。ただしアメリカ系のカードは使えない場合が多いです。パリのビストロで、アメックス・ダイナースは断られた事があります。ヨーロッパはビザ・マスターが一番便利ですね。出かけるときは「忘れずに〜〜」。カードを持っていない方は是非カードを作ってから行くといいですよね。（最近ではパリでJCBがつかえるお店も増えてきました）

　さて、話を戻しまして、いつも思うのですが、日本の手荷物検査所と出国手続きの係官さんはホントに愛想がまるっきりありません。イエイエ表現が悪うございます。まあ入出国の管理という重要なお仕事ですので、きちっとされていらっしゃいますね。逆に愛想が良すぎてもどうか？とも思いますが…。イタリアの入国審査官なんて、たまたまかもしれませんが、

無駄に明るく・おちゃめだし。そういえば英国の係官さんは、以前当社の女子スタッフＡが１人で入国手続きに進んだら、泊まるホテルが「ソーホー地区」（世界で２番目に怪しい歓楽街です。因みに一番 は新宿歌舞伎町でしょう！！）のホテルに女子１人がチェックインするので、そうとう怪しまれたらしく、根掘り葉掘り聞かれたそうです。曰く、

  （英国係官） 「何しに来たんだ」
  （スタッフＡ） 「観光ですよ〜〜」（英語で）
  （英国係官） 「なぜソーホーなんだ」
  （スタッフＡ） 「どこに泊まっても、良いじゃん」（英語で）

　ここから先、根掘り葉掘り……。１人で15分もかかったらしい。日本人は年が若くみられますし、英語の本国のイギリス人からみたらこの女子の英語が拙くておもしろかったらしく、多少からかわれていたみたいですけど。どうも、ダンサーとして英国にやってきた日本女子と思われたのか？というか、本当に日本人か？日本人じゃないんじゃないか？的な疑いを持たれたみたいでした。。。（爆笑）

　ちなみに、英国の入国審査は結構うるさいです。（英国人の友人にこのことを話したら、日本だって同じだぜ……。日本では入国の際に指紋まで取られるじゃないか！！とやり返されました。……確かに……）

　以前にCDGからトランジットして英国航空でロンドン・ガトウィック

空港に着いたときは、通訳の人に空港の表で待ってもらっていたのですが、入国審査に1時間以上かかりまして、その通訳の人もほんとに我々が入国しているのか？と非常〜〜に心配されていました。

　これにひきかえ、フランスの入国審査はテキパキと早く終わります。あれだけの人数をさばくのですから、まあ多少いい加減（良い加減・ゆるいかな〜）な感じでもありますけどね……。因みに、フランスは世界で一番観光客を迎えいれている国です。

その3
イザ機上の人へ

　成田でチェックイン時に、手荷物を預けることになります。目的地は南フランスマルセイユ。ここまで自動的に荷物は運ばれて行くはずです。今は便利になりましたね〜〜。

　エールフランス航空で成田→CDG→マルセイユまで乗り継ぎです。なんら問題なく手荷物はマルセイユまで届く事になっています。たとえば、CDGでトランジットして他の航空会社さんを利用しても、ほかの国に行っ

ても、最終到着の空港で手荷物は出てきます。便利です。(ここでわざわざ書き込むのには理由があります……笑)

　トランジットして他の国に行くようでしたら、その到着をする国の航空会社にすると良いと思います。たとえば英国に行くときは「英国航空」ドイツなら「ルフトハンザ」、スペインなら「イベリア航空」等ですね。なぜなら、ナショナルフラッグの航空会社さんの到着するターミナルは一番便利な所に着けてくれるのが普通です。CDGは、第一ターミナル(古い)・第二ターミナル(新しい)がありまして、大きい第二ターミナル(バカデカイ)は「エールフランス」の巣窟です。日本でJALやANAの機体が、成田や羽田に山盛り駐機しているのと同じ事なんですが、それにしても壮観ですよ……。あれだけ多くのエールフランスの機体がおぎょうぎ良く整列していると。

　JALはCDGの第二ターミナルに入るのですが、ANAは第一ターミナルに入ります。この振り分けはたぶん航空会社さんのグループによるらしいんですが、第一ターミナルは古いですよ。私が初めてヨーロッパに行った1984年時はこのターミナルを使いました。至る所にエスカレーターといいますか、歩く歩道に傾斜をつけてあるような物がありまして、一度間違えて行っちゃうと帰ってこれないよ…と注意されたもんです。その風景は「アランドロン」の主演の映画で見たな〜〜と思いだしましたけど……。

　さて、時間になりました。搭乗口からイザ！！飛行機に乗り込みです。

確か記憶によると、今回はエアバスＡ300だったと思います。エールフランスは、あの２階建てのエアバスも成田⇔パリ便に投入しています。（2012年当時）

　エールフランス機へ搭乗です。もう飛行機の中から、「ボンソワール」という聞きなれた外国語が飛び込んできます。これを聞くと、アーほんとにフランスに行くんだな～～～と気分も最高潮に達します。

　ちなみに、お土産で日本製のタバコを購入する際には成田でしか売っていませんので、ここで買い込みましょう。最終的に日本国内持ち込みには、日本国産のタバコ１カートン（200本）と外国たばこ１カートンが免税限度です。以前ですが、イギリスに入国するときだったんですけど「タバコ」は持っていないか？と入国係官（税関さん）に問われた事がありました。私はタバコは吸わないので持っていませんでしたが、イギリスではタバコは税金も含めて「高い」です。ひと箱日本円で1000円くらいします。高いんです。いわゆる消費税もあるので高くてもしょうがないのですが、それゆえ、タバコの持ち込みにも注意しているみたいでした。フランス入国ではこんな事は聞かれたこともないので、そんなに心配しなくても良いかもしれません。

　さて、搭乗時間まで免税店などを巡って時間つぶし。この時間つぶしの時間もそれなりに楽しいですよね。外国いくぞ～～！！っていう、わくわ

く感満載です。

　飛行機の中はわりと寒いので、興津選手は何と！ユニクロのフリースを持参しています。これ実はおすすめなんです。寒くないし、暑くなったら脱げばいいし…。まあこれなら、食事をこぼしても、汚しても、現地で洗濯すりゃいいんでなんとも気になりませんし、すぐに乾きます。夏場の視察なので、衣服も軽いしスーツケースもまるまるガラガラ。着替えの下着セットを４セット。ワイシャツ３枚。ズボン１枚ってな程度ですから……。

　このフリースですが、本当に必需品です。成田でも羽田でもユニクロがありますので、もし手荷物に持ち忘れたら薄手のタイプのフリースを１枚購入しましょう。なぜか？　それは機内は「寒い」という事に尽きます。
　ついで情報：パリオペラ座の左脇にはユニクロのお店が出来ました！！でっ〜〜かいお店です。いつも混んでいますよ〜〜。ヨーロッパでは軽衣料といいましょうか、あの手の洋服はあまり売っていません。若者はジーンズにジャージというでたちが多いですね〜〜。ですからスポーツウェアなんて重宝します。最近ではワニのマークのポロシャツなども流行っていますけど、物もデザインも価格もユニクロの勝ちだと思います。ほんとにいつも混んでます……。
　以前に当社の男子スタッフ２名と出かけた時に、あれほど言っておいたのに搭乗時にフリースを忘れたスタッフがいました。搭乗手続きを終えて、

両替をして、軽く日本食（ここが大事であります。なぜならしばらく日本食にはありつけませんからね…）で夕食をとっていたら「アッ！！フリース忘れた」と言うではあ〜〜りませんか。

即座にユニクロに走っていかせたのですが、時すでに遅し…。AFの最終便は成田の最終便。つまりお客様もほとんどいなくなるので、お店の営業時間を過ぎていましてすでにお店は閉店。残念……。

飛行機に乗り込み、それこそ機内通路を歩いているときに、棚にある毛布を2枚取ってそのスタッフにさりげなく渡してあげました。AFは下手をすると1人1枚の毛布（しかも非常〜〜に薄手にできています）も無い場合があるので、これも早い者勝ちでございます。ご注意・ご注意。

ほんとにこのフリースは役に立ちます。基本的にそんなにお値段の高いものでもありませんし、夏でも寒い時があるヨーロッパです。暑さ対策としては脱げば良いのでそんなに対策は要りませんが、寒い時はつらいですよね……。寒空に半そでシャツ1枚……なんて事になると悲惨な状況でございます。そんな時に大々的にお役立ち「フリース」でございますね。皆様…ぜひ1枚お持ちください。汚れたら、ホテルで入浴時についでにお洗濯。1晩で乾きます。（ヨーロッパは湿度が低いので乾きます）古い物で、もし要らなくなったら捨ててくればいいじゃありませんか。

捨ててくる…と言えば、もう捨てても良い、という下着を何枚も持ち込んで、1日1枚ずつ捨ててきちゃう。という女性の方が以前にいらっしゃいました。まあ〜〜。確かに合理的ではありますが、自分の下着を捨て

てくるとルームクリーニングの人に見つかるといやだな〜〜と思うのは僕だけでしょうか……？

　湿度が低い…と言えば、ヨーロッパは緯度が高いので内陸部はとても寒いのですが、「地中海沿岸気候」のおかげ様で、沿岸部では冬でもそんなに寒くないですよ。そして、夏はそれなりに気温は高いのですが、なにせ湿気が無いので蒸し暑くなくて非常〜〜に具合が良いです。このユーラシア大陸に人類が居住したのもうなずけます。夏の日差しの中に居ましても、日蔭に入り風が通りすぎると、正直「涼しい」と思います。特に南フランスの田舎町で標高の高いところですと、爽やかな南フランスの風が体を包んで通り抜けて行きます……。

　さて機内です。エールフランスの機内食（業界用語で給食と言う←ホントカ？？）はわりと美味しいと思います。ただし、エールフランスの機内日本食は期待しないでください。一応日本発→フランス行には日本食も積んではあるんですが、おにぎりですから……。期待してはいけません。

　基本、フランスパンにチーズ。簡単なサラダにハム。ってなところです。フランスなので、ソフトドリンクのホットはコーヒー。（紅茶はやっぱりイギリスですね）アイスはフレッシュジュース。これも食文化の差だと思うんですが、イギリスは紅茶が本当においしい！！　フォトナムメーソンとかトワイニングスでもいいんですが、紅茶は普通〜〜においしいですね。あれ…日本との差は、お水の関係もあるんでしょうか？　硬水とか軟水と

か……。

　でもフランスでは、断然コーヒーです。興津選手はフランスではまず紅茶は飲みません。コーヒーとかエスプレッソとか、カプチーノ。（イタリア語ですがフランス国内で全然普通に通じます）

　お酒はシャンパンにワインですよ！！！　赤ワイン・白ワイン・シャンパン！！！　シャンパン！！！　シャンパン！！！！（もういいよ……分かったよ……。隠れて、ロゼワイン大…好き！！）機内で沢山飲めます〜〜！！心が浮かれています……。

　これは睡眠導入剤です。だって何もすることの無い機内で12時間ですよ〜〜12時間。ここは思いっきり爆睡するに越した事はありません。というより、明日からの行動を考えますと、睡眠しておかねばなりません。これは絶対です。

　シャンパン！！！　しゃんぱん！！！　シャンパン！！！

　出発はタイムテーブル上では22：00頃の出発ですが、現地のCDG空港の到着時間の調整で、少し遅延の出発です。成田空港の運用制限なんでしょうね〜〜。羽田空港は利用制限時間が無いので、夜中の0：00を超えても出発出来ますが、成田空港は無理です。

　夜中の便なので、さっそくの食事は夜食みたいな感じですし適度にお酒も入り、気圧も多少低いせいか睡魔が襲います。寝ましょう！！！　狭いけど。。。寝ましょう！！！！　明日の為に。。

AF機内で7時間位経ちますと、小さ目のカップヌードルがギャレーに出ます。これ！わりといけるんです。（おいしいです）興津選手はいつも小腹がすいてくるので、ほぼ毎回頂戴いたします。まさしく今回も！！その他、フルーツやクッキー、サンドイッチ等……ギャレーに行くと無造作にありますので、好きなだけいただいちゃいましょう。

　この機内サービスですが、慣れてくると便利です。離陸後6〜7時間するとキャビンアテンダントさん（CAさん）のたまり場の「ギャレー」にトレーを置いて、そこに色々な軽食を出して置いてくれています。つまり、「食べたきゃ〜〜勝手に食べれば〜〜」的なフランスチックなサービスであります。JALで軽食等を取りに行くと、「お席までお持ちします」なんて言われるので、かえって自由気ままにさせてもらえると嬉しいかも。結構合理的だと思うんですね。自分で勝手に行って勝手に食べる。シャンパンも無造作にワインクーラーに突っ込んであるので、その場で立ち飲みバシバシ飲める。ついでにそこでチーズなんぞもつまみ放題。

　カップヌードルはまさしく日清製粉のあのカップヌードルのミニ版。丁度よい心持の大きさ。そして種類はシーフードヌードルです。狭い機内ですからカレーというわけにもいきませんでしょうが、さりとて醤油味では決してありません。どうやらヨーロッパの方々はこのシーフードヌードルが一番のお好みなんだそうです。実際ヨーロッパ人へのアンケート調査でも「シーフードヌードル」が一番人気であったらしいです。

このヌードルだけはお湯を注いでもらう必要がありますが、ヌードルカップを手にして、CAさんに向かって「シルブープレ」と言えばそれで大丈夫でござんす。それを自席に持ちかえって、ヌードルの匂いを周りの席にふりまきつつ、「ズズズｚ」とすすりこんでいますと、しばらくするとあちらこちらで「ズズズｚ」こっちで「ズズズｚ」っていう感じです。真っ暗の機内で、ヌードルの匂いと「ズズズｚ」……面白い時間が過ぎます。
　そして、ハーゲンダッツのチョコレートアイスバーもあります。周りはチョコレートでコーティングされていますので、持った時は全然大丈夫なんですけど、一口かじった時に、いきなり中身が溶けだしてくるときもあるので、食べるときはホントに気をつけてくださいませませ。ホントにうっかりすると溶け出してボトリと全部落としてしまいます……。（経験済み）

　ついでに書きますが、JALだとこの手のサービスではありません。小腹がすいたら、のどが乾いたらどうするか…というと、ボタンでCAさんを呼んで自席まで来てもらって、食べたいもの・飲みたいものをご注文。されば、自席まで運んでいただける。という至れり尽くせりのサービスでございます。ギャレーに行くとお菓子はあったと思いますが、軽食などはメニューがあってオーダー方式です。さすがJALサービスです。
　でも、興津選手はCAさんにお願いするなんて…と、どうしても気が引けてしまうので、じぶんから取りに行くAF方式のほうが「気が楽」かな〜〜〜。

その4
早朝の涼やかなシャルルドゴール空港に放出

　と言う訳で、(どういう訳だ！？？) CDGターミナル2Eに到着です。いよいよフランス国内へ入国です。確かにターミナル2はAF航空優先の利用ですので、他の航空会社の機体はあまり見かけないのです。パリ市内には、「ターミナル1」の方が近いのですけど、ターミナルの大きさがまるっきり違います。

　ターミナル2は大きい！！！　さすがに、ヨーロッパのハブ空港であります。因みに、興津選手の感じるヨーロッパのハブ空港は、ここと、イギリスのヒースロー、(ここも無理に大きい) ドイツのフランクフルト空港 (バカでかい) でしょう。正直イタリアは日本から直接行った事がないので、よくわかりません……。

　フィンランドエアーで行きますと、ヘルシンキまで成田から8時間で着きますが、ここからヨーロッパ国内の都市に行くのに4時間位かかりますので、ここは選択ですね。ちょいと一休みできますんで、この選択もありかなと思います。8時間で1回トランジットして、また4時間が良いのか？

その4　早朝の涼やかなシャルルドゴール空港に放出

思い切って12時間直行でいくのか？　これはお好みですね〜〜〜。

　さて、CDGに到着時刻は朝の4時15分でした。（朝早すぎ！！）いきなり空港の中に放り出されます。ここでターミナル2Fに移動です。ターミナル2Eから歩いて、対岸のターミナル2Fに移動です。時間にして徒歩で10〜15分程度かかります。

　朝の4時ごろですのでまだ朝日は昇っていませんが、フランスのなんとなく緊張感のあるそれなりに冷えている空気感の中を、長時間の飛行機の疲れを引きずりながら歩いて行きましょう。スーツケースはマルセイユまでいきますので、機内持ち込みのバッグを片手に歩いて行きます。

　今回のツアーのみなさん、12時間の機中でしたのでなんとなくお疲れですが、さすがにフランスに入国したばかりなのでウキウキ感は伝わってきます。ターミナル2Fに移り、再度フランス国内の移動便に乗り込む為に、ボディチェックを受けつつゲートに向かいます。これからは、つまり国内便です。まあ日本で言えば、羽田から福岡まで行く感じの飛行機になります。

　多くの日本人が同じ便でCDGに降り立ちましたが、三々五々散らばって行きます。パリ市内に行く方、電車・バス。タクシー。また、オルセー空港に向かう方も。われわれ30人近くの日本人はぞろぞろとCDGターミナル2Fに向かって行きます…。

　ここでなんと！！！！待ち時間が3時間位あります。ゲートの中も飛

場の中も時間が早いので、お店は全然開いていません。4時に着いて、入国審査をすませて2Eを出るのに約1時間。2Eから2Fに移動しても5時半。そして、再度持ち物検査をしてゲートに入ります。それでもなお1時間半程度の待ち時間があります。しかもお店は全然開いていない。飲み物欲しいよ〜〜〜。

　ここで事件発生。ターミナルの移動途中に飲み物の自動販売機がありました。これは珍しい。フランスで自動販売機ですよ……。パリの地下鉄の駅構内に飲み物・スナック菓子の自動販売機は見かけます。日本の自動販売機と見比べてみると見るからに怪しい。作りが簡単なんです。日本の自動販売機のコインの投入口は一文字の穴にコインをいれるようになっていますよね。ところがこのコインの投入口は、まずコインを平らに置くスペースが丸く開いていて、ここに指定されたコインをはめ込みます。指定外のコインは使えません。（日本の自動販売機はおりこうですね〜〜。業者のみなさんヨーロッパに売り込みにいきましょう！！　出番ですよ〜〜）次にコインをはめ込んだ下のつまみをつまんで、エイヤとばかりに上にスライドさせます。これでコインは機械の中に吸い込まれていきます。これでコイン投入成功！！　でも商品が出てこなけりゃコインだけ取られたことに…。出てこなかったんです……。お金返せ〜〜！！怒！！
　正直！！癪に障っています。見ると隣のコーナーのお店は、開店準備はしていますが、どうもこの自動販売機を管理している様なお店ではありま

せん。今までの興津選手の経験からすると、「クレームをつけても？」大体の返答は分かります。つまりこんな感じ「この店の管理している自動販売機じゃないから、ここじゃ分からん。まだ時間が早いから自動販売機の担当者はいないよ」……せいぜいこんなもんです。

　よせば〜〜良いのに。再度挑戦。合計……２ユーロコイン２枚飲みこまれました。計４ユーロ。ターミナルの移動途中なので、団体はどんどん前に進んで行きます。ここは遅れちゃいけない。。。。

　くそっ！！（言葉が悪くてすみません）　４ユーロ寄付してやるよ！！今回だけだかんな！！！！（捨て台詞）……。

　だいたいこんなもんですよ〜〜〜〜〜。フランスなんて……。（トホホ）

その5
南仏　マルセイユ
プロヴァンスの空気の色にとけ込んで

　いったんユーロ圏内に入国し、さらにここから、マルセイユまでフランス国内移動でございます。これも慣れないとわかりづらいですね。因みに日本の天井の案内看板の「→」（やじるし）ですが、直進の場合ですと、「↑」

（上向き）となっていますよね？ フランスでは「↓」（したむき）です。慣れないと多少混乱しますよ。

　また、気をつけないといけないのは、時折、いきなりターミナルゲートが変更になることもありますので、トランジットの場合この点は要注意です。まあ、今回は添乗員さんもいらっしゃいますので、全然心配いらず。お気軽なもんです。自分自身で行く場合は、それこそ10分おきぐらいに、表示のチェックをしている程であります。

　以前にCDGでトランジットしてイギリス：バーミンガム空港に出かけたことがあります。この時は同じCDGでも古い方の「ターミナル１」でした。ターミナルの搭乗口の表記がありますよね…。そこには確かに「英国航空第〇●便バーミンガム行」と表記があり、同行の方々と５人でその真ん前のベンチで待っていました。でも〜〜。どうも搭乗口が開く気配がありません。そして時間は近づきます。でも英国航空の職員さんはいません。心配になって再度確認しに行くと、搭乗口の表記が消えています。そして先ほどから場内放送はかかっているな〜〜〜とは思っていましたが、それが、バーミンガム行の搭乗口変更のアナウンスとはつゆにも思いませんでした。

その5　南仏　マルセイユ　プロヴァンスの空気の色にとけ込んで

　同行の方が「あれ！！やばい…最終搭乗…って言ってる…」ここからほぼパニック状態5人で、搭乗口どこだ～～！！　ターミナル内を駆け回って探しましたが、ターミナル1は、円盤みたいな形をしているのですが、そのほぼ反対側でした……。無事に乗れました。乗れましたが～～～。こんなことも日本ではあまり考えられませんよね。
　こんな経験から、非常に神経質にターミナル待合所では注意しています。皆様もご注意ください。

　さて、とはいえ時間が早すぎて、お店さんは全くやっていません。このゲートの中には、小生の山の神様（興津選手の奥様でございます）が大～～い好きな「ポール」というパン屋があります。ここもまだ開店していません。ただただ、ひたすらに時間経過を待つばかりです。
　普通なら、2時間も待たされるとだんだん腹が立つのですが、ここはCDGですので、このターミナルの中をただ散策しているだけでも気が紛れます。ショップを外から眺めていても楽しい感じです。会員の皆様もなんとなく夜行の飛行機のけだるさの残る中、三々五々お楽しみでございます。
　6時あたりになると、やっと、だんだんと喫茶店も開店してきます。あのポールもようやく開店でございます。会員様の数人様もこのポールにお並びでございます。でもね～～。どうも怪しい……。行列が進んで行かないんです。どうにもこちらの国の方は「商売」をしたくないのか？　段取

りが悪いのか？　手際の悪い事。悪い事。最悪です。(特に今回のここはひどかった)

　そうこうしていると、マルセイユ行きの飛行機の搭乗時間が近づいてきます。30分前に覗いた時は、前に6人位のお客さんしかいなかったのですが、搭乗10分前でも、まだ4人ぐらいの方々が並んでいます。その方々も「うんざり顔」まだ〜〜。っていう感じです。
　会員様も、興津選手の顔を見つけて、「まだなんですぅ〜〜〜。搭乗時間大丈夫ですか〜〜〜？」というご質問です。興津選手も笑顔で「まだ大丈夫ですよ〜〜〜」「最悪の時は迎えにきますから〜〜〜」と毎度の通りいい加減(良い加減)の返事を差し上げておきます。でもね〜〜。多分この調子だと食べ物の仕入は「無理〜」だろうと思っていました。
　いよいよ搭乗手続きが始まり、だんだんと乗客も乗り込んで行きます。さあ！！もう無理だ〜〜！迎えに行かねば。と思ったら、お並びだった会員さんも、あきらめて搭乗ゲートに向かっておいでです。明らかに「残〜〜念」という表情でございます。お腹もすいているのに……。
　さすがフランス。侮れませんぜ……！

　さてさて、パリ(CDG)からマルセイユ空港に向け出発でございます。またエアバス社の飛行機でした。最近ボーイング社の飛行機に当たりませんね〜〜。機体数が減っているのでしょうか？　でも、確かにヨーロッ

その5　南仏　マルセイユ　プロヴァンスの空気の色にとけ込んで

パですから、アメリカメーカーの機体はあまりないですよね。（笑）

ともあれ、あと2時間もすれば「南フランス」の空気の色を感じる事が出来ます。ものすごく楽しみでございます。

到着は2Eですが、マルセイユまでは2Fからの出発です。

ついに着きました！！！　日本から夜行12時間。乗り継ぎ2時間。フランス第2の都市マルセイユに到着です。（フランス第2の都市はリヨンという統計もありますが、リヨンは周辺の町人口を足し合わせていて、純粋に一都市の住民人口ではマルセイユが2番です。とマルセイユの人が自慢げに話していた事を思い出します。僕らにはどうでもいいけどね〜〜）

さて、日本から預けたスーツケースをピックアップしなきゃ！！って思って、空港のゲートを移動するのですが、その廊下はガラスの大きな筒みたい所を歩いていきます。CDGもそうなんですが、スケルトン（透明）の空港建物が多いですね〜〜、この国は。

パリは多少雨模様でありましたが、こちらは能天気の興津選手に合わせたのか？ものすごく良い天気でございます。会員様も、空港の廊下から、見える風景をカメラに収める会員様も続出。(これはよ～～くわかります。実は興津選手も携帯で写真とりましたもん)添乗員さんはどんどん先に行きます。当社スタッフならびに興津選手は最終尾をキープ。どんどん離れます。(まさか羊飼いじゃないから、会員様を追い立てるわけにもいきませんですからね～～)
　まあ、でもスーツケースはすぐにターンテーブルに出て来ませんので、気軽に思っていましたが、なんとなく「お早めに～～」みたいな感じでターンテーブルに向かいます。

　ここで大問題発生！！！！
　いよいよターンテーブルが廻り始め、荷物が吐き出されてきます。今回は旅行社の同じタグを付けていただいているので、どんどんターンテーブルから取り出して行きます。今回男性が少ないのでここは重要なお役目です。どんどん会員様のお荷物がご自身の手に渡っていきます。さあ～～～ターンテーブルの荷物がだんだん少なくなっていきます。会員様もご自身のお荷物をひきとりいただきまして。さあ～～みなさん出ましたか？？？
　ンッ？？？　会員様お１人が不安げな顔でお待ちです。
　なんと！！　その会員様分のスーツケースが出て来ません。
　まさか！！！？？？？？

その6
あれっ？　荷物が出てこない
手荷物ロスト？！！

　こりゃ～～～！！！！（怒）エールフランスめ！！！！
　と言っても埒(らち)は開きません。そうです。何とお客様のスーツケースが一つ出て来ません。何やってんだ！！！　怒髪！！！

　こんな経験は興津選手も初めてです。いままで、何回か団体ツアーとか、個人旅行に行っていますが、スーツケースが出てこないのは今回が初めてです。友人の話などでスーツケースがとんでもない所に行ってしまった。とか、取り残されていた。とかは聞いた事があるのですが、僕の周りで、しかもよりによってこのツアーで起きるとは。。。。。残念でございます。

　以前にロンドンヒースロー空港だったと思うんですが、飛行場内の荷物を運ぶトロッコみたいな車がありますよね。その車の後ろには大きな貨物車があり、裸でしかも山盛り荷物を積んで走っていきました。そして、コーナーカーブで……。そうなんです。一番上に乗っかっていた荷物がコロン……。飛行場のトロッコの走っている地面に落っこちました。

　興津選手はそのそばに駐機していた飛行機に乗り込み、その窓から外を

見ていたときにこの光景に遭遇しました。こっちは飛行機の中……。騒いでも、大きな声を出しても、全然意味がありません……。ああやって手荷物は無くなっていくんですね……。

　ただ今回助かったのは、この便が朝の到着である事。さらに、幸いにも荷物はCDGにある事が確認出来ました。そして、添乗の橋本さんが付いていたので、交渉が出来た事。（正直興津選手一人では荷が重い…）今回はこのマルセイユに着いてからすぐ観光バスに乗り込むので、1日観光分の必要物は機内持ち込み手荷物に入れておいてください。とアナウンスしてありましたので、その日のうちの分の例えばカメラとかお財布等は手荷物にお持ちでした。こちらの会員様も1日分はなんとかなりましたので、これは多少の救いでございました。

　橋本さんが、相当頑張ってくれまして、ホテルまでエールフランスがそのスーツケースを届けてくれる事になりました。（当たり前だ！！　でも興津選手個人だとこの交渉は難しいかも……空港まで取りに来いっ。てなものかもしれませんぜ）しかもその日のうちにです。そうすればシャワーのあとの着替えとか、その他もろもろがなんとかなりましたので、まあ助かりました。（ほんとなら最初っからちゃんと運んでくれればいいんですけどね〜〜〜。やってくれるぜ、エールフランス。まったく……）

　我々は多少ストップしてエールフランスとの交渉の行方をみまもりつつ、おトイレとか多少の自由時間を持ちつつ、観光バスに向かう事になり

その6　あれっ？　荷物が出てこない　手荷物ロスト？！！

ました。
　ここで、参加会員様の数名様がスーツケースを開けて多少の荷物の出し入れがありまして、興津選手はそれをお待ちする事に。その時には、橋本さんも戻りまして、大型観光バスに向かう事になりました。団体様がどんどんと、現地の添乗員さんと共にバスに向かいます。
　多少遅れて、お客様2名様と興津選手は後を追いましたが……、はぐれました……。マルセイユ・プロヴァンス空港はツアーバス乗り場が離れた場所にあり、外に出ると、目の前にバス乗り場とタクシー乗り場があります。その先に何台かバスが停まっているのでそちらかな？と勝手に思い込みまして、スーツケースを転がしながら向かいます。あれ？？？ツアーバスがいないぞ……。何処だ？？？　日本人の姿もないぞ……。（結構心細いもんです）よくよく探してみると、そのバス乗り場とは反対方向に、大型のバスプールがあります。そこでした！！　いたいた！！ってなもんで、急ぎ向かいます。そんなに遅れたわけではありませんが、バスに乗り込んで、何食わぬ顔をしていると、まだバスは出ません。どうやらここまでスーツケースをお持ちの方がトイレに行かれたみたいで、我々の遅着はなんら問題無し。（微笑）
　でもここで分かった事は、なんとかなるさ…と思っていても、一度はぐれるととんでもない事になるぞ、ということでした。（これはこの先のツアーにおいて、大変重要な事でありました）

さあ、気を取り直してバスツアーの開始です。さっそく現地の添乗員さんが自己紹介もそこそこに「フランス」での諸注意事項からはじまります。スリが多い。携帯電話のスリが多いので気をつけて。パスポートは大事だぞ！！ってないつも通りの諸注意事項からスタート、車はどんどんとマルセイユ市内方向に走り行きます。高速に乗り、右手には青々とした地中海が広がります。

　いいですね～～～。青い空と深い青の地中海。夏場の南フランスらしいカラッとした空気の中で太陽の光を全身に受けて行きます。これですよ。これ！！これを求めてここまできたんですから……。否応なくテンションは上がります。ご参加の皆様も長旅の疲れも吹き飛んでこの南フランスの風景をご堪能のご様子です。

　なぜかしら、皆様笑顔でいらっしゃいます。そりゃそうですよね。マルセイユですよ。マルセイユ。フランスの南端と言っても過言ではないこの場所ですから、そりゃテンションも上がりまっせ……。いやがおうでもこの先の数日間が楽しみで楽しみで……。

　マルセイユは道路の拡張工事なども入っていまして、多少の車の渋滞もあったのですが、気にならずにずんずん行きます。

　まず、最初に向かったのが「ゴッホの跳ね橋」です。あの有名な絵画の原風景。実はここはマルセイユからも多少離れていますので、個人旅行ではなかなか行けない場所であります。前回もマルセイユに投宿したのですがここには行けませんでした。

おまけ フォトギャラリー

しつけが行き届いていて、おとなし〜〜くお座りワンコ。In Paris

マドレーヌ寺院の裏手の有名な食品屋さん・フォションのエクレアとマカロン。「信じられない位、お・い・し・い！」by 山の神様

このライオン。実はこれ売り物のはく製です。パリ市内のはく製屋さん。その他、タランチュラ（有名な毒蜘蛛）のはく製というか標本も売っていました……。どうするんだろ……。

その7
アルルの街に放牧
ありゃりゃ！ こりゃ大変だ！

　前回のマルセイユ泊のツアーの時も、その前のアヴィニオン泊の時も、行けなかった場所でして興津選手も初めての見参でございます。行ってみると、他のツアーの方々も三々五々いらっしゃいまして、人気のスポットなんだなという事はわかります。（でも特にお土産屋さんがあるわけでは全然なくて、ホントに田舎の風景の中に存在している〈ある！〉という感じでございます）

　まわりをみると、日本人の団体観光客を乗せたバスもいて、さながら日本人観光スポットみたいになりました。添乗員さんも冗談で「間違えて隣のバスに乗り込まないでください～～」と言っていたくらいです。

　もともとヨーロッパは運河が発達していて、特に北ヨーロッパでは今でもヨットやボートで旅行をされる方々がいるくらいです。この跳ね橋も運河にかかっていて、ボートが通れるように橋が開くようになっているわけですね。さながら、東京の勝鬨橋？イギリスのロンドン橋？そこまで大きくありませんが～～（笑）素朴な、フランスの片田舎の風景です。

その7　アルルの街に放牧　ありゃりゃ！　こりゃ大変だ！

　この跳ね橋（**写真上**）はゴッホ当時の場所とは多少離れた所に再現されています。再現されている橋のたもとには、ゴッホの原画の立て看板のみがありました。（**写真右**）興津選手は、その橋に手をかけて写真を撮ってもらいました……。（たく

さんの方々がやはり写真を撮っていましたので写りこんでしまいそうです。困った行動でございますな……)

　何がすごいって、ここにくるまでの運転手さんの運転の上手な事。なんて言う町だか忘れましたが、小さな町を通りすぎたのですが、その時に「エ！！！こんなところ曲がるの？？」という位の細い道をどんどん走っていくわけです。これはすごかった。

そうこうしていると、お腹がすいてきます。腹減った〜〜〜！！！　なんで人間はお腹がすくのでありましょう？　でも動物ですから当たり前でございます。ゴッホの跳ね橋を後にいたしまして、プロヴァンスの茶色の大地をまた大型観光バスは向かいます。（どこにだよ〜〜〜）

　そう！！　次の観光地は、昼食だ！！！という前に観光ですよ〜〜〜。
アルルの街です。ここは、以前にも視察ツアーで３回ほど来ていますので、街の風景はなんとなく分かります。街の中心地に「闘牛場」がある街です。また７月の最初の日曜日には「衣装祭り」が行われる街です。この衣装祭は、現地の方々が古い民族衣装を着て街中に溢れてきます。お祭りの女王を決めて、その女王は２年間公の式典などにアルルの衣装で出るそうです。

アルルの衣装祭（闘牛場の前にて）

またこの女王は未婚の方に限定されているとの事。本当にお綺麗な方々ばかりでございます。以前は電車で行きましたので、街中に入るには城壁

その7　アルルの街に放牧　ありゃりゃ！　こりゃ大変だ！

の入り口から入って旧市街地に入りました。本日は反対側からのアプローチでしたので、城壁から入らずに、街の中心部まで進む事が出来ました。(これはラクです。駅からですと城壁の内部に入ってからは登り坂を登らないと行けないのです。しかも駅からわりと距離がありまして……)

　さてここからが大変……。
　街中に入りましたら、マルシェ(市場)が立っています。こりゃたまらん……。ドライラベンダー、ドライローズ、ハーブ石鹸などの専門店も、よしゃーいいのに、わざわざ我々が通らねばならない所に出店があるんですよ！！！　しかもその隣には、ハーブ・スパイス屋さん。
　会員様はもう興奮状態。(実は興津選手もです)しかも人出も多い。しかし、添乗員さんはどんどん目的地へ向かう……。ただでさえ、前日にお会いしたばかりの方々ばかりですし、この人出の中へ、しかもニンジンが目の前にぶら下がっているようなもんですから、我が隊列はバラバラになりつつあります。
　案の定、どんどんと添乗員さんとの距離は離れていきます。当社のスタッフとともに最後からついて行くのですが、気がつくと隊列の最後だと思っていたのに興津選手の後に会員さんがいたりして……。このマルシェで解散したら間違いなく１〜２時間はなくなりますよ〜〜。前回みたいに少ない人数ならなんでもいいのですが、今回さすがに大型バスの人数。しかも昼食レストランも予約を入れてあり、レストランには「時間をかけずに１

時間以内で終わらせてくれ！！」と我が儘なスペシャルオーダーですので、時間に行かねばなりません……。

でも、このマルシェですがものすごく面白そうでした……。

どんどんと長くなる我々のツアーのお客様の列ですが、曲がる角々では、同行の橋本さんが心配そうな顔をして、曲がる人数を確認しています。興津選手が最後に行って「これで最後でしょ？」。橋本氏「いいえ。お２人様いらっしゃいません　^^;」。興津「デェ〜〜〜。マジッスカ〜〜〜」

その8
ランチだぞ〜！IN　アルル

　アルルです。ゴッホが静養していた南フランスの街です。やっぱりいいな〜〜〜〜。南フランス。そしてこのアルルとか、アヴィニオンとか。エクサンプロヴァンス。

　コートダジュール・ニースとか、カンヌ。モナコも良いですけど、興津選手は南フランス・プロヴァンス大好き人間です。なにが良いっていったっ

その8　ランチだぞ〜！IN　アルル

てまず気候。温暖で空気は乾燥しているから真夏でも日陰に入ると涼しい。そして食事です！！　あとは、「♪ロゼワイン！！♪」ろぜ。ロゼ〜〜〜。ヨーク冷えたロゼワイン！！！」（飲みすぎ！！）

　以前にお客様とアヴィニオンに来た時に女性3人。興津選手の合計4人で、ロゼワインを昼間っからフルボトルで2本もたいらげちゃいました……。（日本語がへんだな。飲みほした。が正解ですね〜〜）プロヴァンスの料理は素材を生かしたお料理が多いので、日本人の口に合うあう！！　ホントにフランス料理っ！ていう気になりませんぜ…。サラダとかお魚とか貝料理。などは本気でお勧めでっせ。（どこの方言？）

　今日のアルルの街中は、お祭りみたいな感じで出店が出ていて沢山の観光客が街中にあふれている活気がある状態でした。
　ここで、まず食事を取ることになっていました。フランス人の昼食は、パリならいざ知らず、この片田舎では（片田舎？？い〜〜え田舎町では）レストランの食事が出てくるのはゆ〜〜〜っくり。食事を楽しみながら会話も楽しみ。ってなかんじですんで、1時間はあ〜〜たりまえにかかります。皆様お時間厳しい場合はサンドイッチとかにしておかれることをお勧めします……。
　今回は人数も人数なのでレストランは予約をしておきました。（興津選手がではなくて当然橋本さんのお仕事ですけど）橋本さん良い腕してますね

〜〜。やっぱり……。非常に評価できるレストランでした。アルルの街中。闘牛場のそばのレストランです。

　フェスティバルの人ごみを避けながら、今回の会員さんもてんでバラバラになりそうなところを注意深く見守りつつ、ラストから付いて行くのですが、「あれ！！○○さんが見えない？？」「あっ！！みっけ！！」とさりげなく「こちらですよ〜〜。」と声を掛けながら、進んで行きます。さながら羊の放牧を追い立てる放牧主みたいな感じです。（会員さまを羊だなんて！！　なんて失礼な！！　ププ）
　町中から少しそれて、闘牛場の方向へ坂道を登って行きます。このあたりまでくると少し人影もまばらになるので人数確認も楽になってきました。いよいよ待望の「お食事」タイム。

　確かに団体様のお食事ですのでお仕着せのメニューなのですが、美味しい！！　プロヴァンスですから野菜が美味しいですね〜〜〜。しかも、時間がかからずに皆様の前に給仕されていきます。食事の時間割には非常に気を使っていましたので、ここはホントに良かったです。
　飲み物は注文出来ましたので、さっそく興津選手はロゼワインでございます。（至福〜〜）前菜はすでにテーブルにございます。各々が食べ進んで行きますと、メインが出て参りました。そして最後にデザート。ちゃんとしていますね〜〜。ほんとにちゃんと。

その8　ランチだぞ～！IN　アルル

　しまった！！　そういゃ！！レストランの前にゴッホの病院（**写真**）の見学がありました。市庁舎の前で説明を聞いたり。（興津選手は会員様の身の回りを見守っていまして、ガイドさんの言葉はほぼ耳には入っていませんでしたが……）あまりに食事の事ばかり考えていまして…。そして、あの宣伝にも使われていた、「夜のカフェテラス」の前も通過していました。

　そうだよね……。道順から考えるとこの順番さ。この途中には、ハーブショップがあったりオリーブ専門店があったり。みなさんには紐を括りつけるわけにはいきませんので、お店に飛び込んで品定めをされている方、すでにお買い物をされている方。など……。………。自由だ……。添乗員さんどんどん行っちゃうし……。迷える子羊さんは出てくるし……。そんなこんなの状態で、レストランに突撃！！

その9
真夏のお昼のロゼワイン

　橋本さん。グッジョブのレストランで、美味しく食事をいただきまして、予定時刻より少し時間が空きました。

　興津選手は、表にでると暑いし、ロゼワインが美味しいからレストランで飲んだくれています。(……それでいいのか！？) 会員の皆様は少しの時間でも惜しみなく……。まあ確かに今日着いたばかりですから物見たかいですよね〜〜。そりゃそ〜〜だ。近くの闘牛場(**写真**)の周りには、

その9　真夏のお昼のロゼワイン

　この地方の特産品を扱っているお土産屋さんが軒を連ねていますので、会員様を一時放牧！！（おいおい言葉使いには気をつけろ！！）
　この闘牛場の周りのお土産屋さんでは、ご当地デザインのテーブルクロスとか、プリントの生地とかがあります。当社の本店地下にあるスクールの部屋に向かう壁にタペストリー代わりに貼り付けてあるやつもここで購入したやつです。プロヴァンス特有の色と柄。ま〜〜あ日本では手に入りません。明るい太陽をイメージ出来るプリント柄です。
　興津選手はここにいますから、〇〇時までには戻ってきてね〜〜と一声掛けて。といたってお気軽なもんです。だって〜〜。ワインが〜〜。ワインがいけないんですよ〜〜。僕じゃないってば……。ワインのせいですってば〜〜。良く冷えたロゼワインの仕業だよ〜〜。
　ほとんどの会員様が観光に向かって多少急ぎ足で出て行かれました。静かになったレストランで数人の方々と楽しく、美味しくヨーク冷えたロゼワインをいただいちゃいました。どうもこの味のワインは日本では味わえません。なんでかな〜〜と思っておりましたところ、このワインは生酒なんですね……。つまり防腐剤みたいな成分は入っていないので遠くまでは運べないらしいんです。（聞いた話で〜〜未確認）だからこの地域のみの流通らしいです。しかも安い。

　さて、お時間になりました。会員様皆様無事にご帰還でございます。すでに両手にお土産をお買い求めの方もちらほら……。でもこれ正解なんで

すね～～～。プロヴァンスの商品はパリでもなかなか手に入らないので、この地で買うのは正解です。このお土産ね、人さまのお土産ではなくて、自分用のお土産に最適なんです～～。

　先ほどさらりとスルーしましたゴッホの病院ですが、回遊式のテラスが１階と２階にございます。中庭には綺麗なお花が咲いていて、お土産屋さんも入っています。以前に行った時に、現地のおばさんが親切に案内して下さいました。２階には図書館が入っていました。２階のテラスからお庭全体を見渡すのも正解ですよ～～～。ここにはトイレもあるので、チェックですね……。

　そうだ！！（脱線話）何故、かの地にはトイレが少ないんだろう……。本気で疑問です。空気が乾燥しているからトイレの回数も少ないのかな？？　確かに興津選手も回数は少なくなる感じがします。それでも不親切ですよね～～。トイレが少ない……。見つけたら、ご利用ご利用。パリの市内では道端にボックス式の有料トイレもあるけれど、閉じ込められたらこわいな～～と思って入ったことはございません。

　「夜のカフェテラス」のレストラン（**次頁写真**）は以前に２回ほど入って食事をした事があるんですが、１回目は美味しかったです。これも会員様とご一緒させていただいた時です。２回目は、正直がっかりしました。この事を今回の現地添乗員さんに確認したところ、レストランオーナーが

その9　真夏のお昼のロゼワイン

かわって、味が悪くなった。最近地元のガイド・観光協会さんもここはお勧めではないと言っていました。

そうだ！！（脱線2）以前このレストランで経験したことです。この店はゴッホの絵画のおかげで、有名なお店ですので観光客もひっきりなしに来ます。そして、写真だけ撮って帰っちゃう人もいるのでお店の人の愛想がないのは事実です。という前提を置きつつ、我々が4人で入店して、テーブルをもらって、韓国人の女子学生さんのグループの隣で顔の大きさぐらいある大ジョッキでとりあえずのビールをいただきつつ、食事がでてくるのを気長に待っている時でした。

日本人の年配のご夫婦が入ってきました。あの絵画と同じで、テラスしかないお店ですから入りやすいんですけど、入ってきてテーブルにお座りになりました。あまり気にしないで我々はビールをおかわりしようか！！なんて勢いで食事を楽しんでいました。という事はわりと時間が経っている。ということですが、ふっと先ほどのご夫婦を見ますと、テーブルには何も出ていません。メニューさえ出ていないんです。

そうなんです、お店の人は全然相手にしていないんですね……。とうとうダンナさんが「いったいどうなっているんだ！」と言ったので「あっ！このご夫婦は日本人だ」と気が付いたわけなんです。このご夫婦さん、どうも入店した時に日本の感覚で自分で席を決めて、ある意味勝手にテーブルについたみたいなんですね……。

　駄目です。これはだめ。だから全然相手にされないんですね…。先ほども申しましたが、写真だけ撮って帰っちゃう人がいるぐらいのお店ですから「あ～～あ、又注文もしない東洋人がかってに座ってら」ってな感じで遠巻きにしているお店のウェーターさんの感じが伝わってきました。レストランに入店した時の流儀は、入り口に立ちお店の方が「ボンジュ～ル」ってたいがい言いますから、そうしたら指かなんかで人数を伝えると「このテーブルに座れ」と言ってきますのでそのテーブルにつきましょう。

　そうすると「メニュー」という名の象形文字風の解読不能な文字の、値段だけ分かる厄介な読み物を持ってきます。フランス語ですから、すかさず「アングレ　シルブープレ」（英語のメニューおくれ！）と言いましょう。その店が気のきくお店なら、「英語のメニュー」を持ってきてくれます。

　ともかくこのメニューという解読不能文字から、食べたい物をチョイスしない限りにおいては何にも口に入ってきませんので、ここはイチカバチカで「これ！！」ってな感じで注文し、あとは出てきたものを食べる。文句を言わずに食べる！！これが流儀です。（どんな流儀だ！！……爆笑）

興津選手はこのご夫婦さんにこの流儀を伝え、再度入店するところからをお勧めし、このご夫婦さんもチャレンジされていました。僕らが、「ラ デシオン　シルブープレ」（お勘定！！）と言っていた時には飲み物がテーブルに首尾よくのっていました。
　よかった・よかった。（チャンチャン）

その10
チェックイン　マルセイユ

　アルルの街を散策して、いろんな所をガイドさんに説明してもらって……。ここは正直覚えていないんです。なぜなら、説明を聞きぃっている会員様のセキュリティのために少し離れた所から皆様を見守っていましたので……。しょうがないんですよね。スリも多いし治安も心配ですから。
　でもアルルは南フランスの田舎町ですのでそんなに心配はいりませんけれど……。以前ネットで見ていたら、アヴィニオンでスリにあった方の手記が載っていました。アヴィニオンは多少騒々しい町ですので、多少気を付けねばなりません。ただ、美味しいレストランはアヴィニオンの方が多

いですよね……。

　バスに戻ります。町中を三々五々戻りますので、はぐれない様にしなければなりません。なにせアルルは小さい街のくせに、今日は人が多くて……。観光客も沢山いました。言語も「英語」はもとより「スペイン語」「イタリア語」「ドイツ語」など入り混じっています。そこにいきなり「日本語」ですので、まあ騒々しい事。さすが農業と観光の国「フランス」であります。

　涼しいクーラーの効いたバスに乗りこんで、ホテルまで多少時間がありますので、レ・ボー・ド・プロヴァンスという岩山の町に向かいます。フランス語では、「プロヴァンスの岩だらけの屋根」というそうです。この地域にありがちな石灰岩の岩山の町です。明日も行くのですが、ゴルドなどもこの岩山の色をしています。簡単にいいますと白い岩山が続いています。こんな岩山に町を作るのですからそれは大変だったろうと思います。そういえばニースからモ

エズ村からの地中海の眺め

その10　チェックイン　マルセイユ

ナコ公国に向かう途中に「エズ（鷲の巣村）」という所もありますが、ここは、頂上から地中海が見渡せますので素晴らしいところでもあります。昔はローマ軍からの攻撃を避けるためにこんな場所に町を作ったんでしょう。ホテルもあったりしてとても素敵な所です。観光にはとても良い所ですね〜〜〜。

当社のスタッフ2人はボルタリング（フリークライミングの一種）の愛好家なので、ここ登れるかな〜〜。なんて言っています。結構ここも観光客が来ていて混んでる場所でした。

町中には、雑貨屋さんとかアイスクリーム屋さんとかがありまして、小生は会員様と連れだって、喫茶店に入って軽くワインなどをたしなんで……（またワインかよ〜〜〜）いや〜〜素敵な時間でございます。結構太陽光が暑いのですが、日陰に入ると全然苦になりません。さすが乾燥している町並みなので涼しいですよ……。

日陰でワイン！！　会員様はアイスクリームを食されていましたけどね〜〜。ここはワインでしょう〜〜〜。（なんで？…影の声）バスに戻りまして、本日の観光は終了〜〜〜です。一路マルセイユに向かいます。

地中海沿岸の町。マルセイユです。漁港ということもありまして、荒っぽいというか威勢が良いというか、治安は多少悪いですけどね〜〜。マルセイユは3回目の訪問となりました。以前のツアーではアヴィニオンに泊まって、アルルとかマルセイユまで電車で来たのが最初の訪問。前回、会

マルセイユの旧港

員様とのツアーでしたが、アヴィニオンに泊まれなかったのでマルセイユに泊まりました。今回も会員様が多いのと、アヴィニオンが演劇祭でホテルが取れないのでこの町になりました。

　アヴィニオンの演劇祭（毎年７月）は面白いですよ。町中いたる所に演劇祭のポスターが山盛りに掲示されています。道の上の電線でさえポスターが引っかかっています。（危ないだろ……）ビルの壁とか、雨どいの上の方とか……。何を考えているんでしょうね〜〜。演劇の宣伝なんだと思いますが、町中のいたるところの路上でパフォーマンスをしています。これを遠巻きに見ているだけでも飽きません……。この時期は大変な人だかりですね。
　マルセイユはお買い物もできるし、食事も美味しいし、良い所です。宮

その10　チェックイン　マルセイユ

崎駿さんの「魔女の宅急便」の素材になった町と聞きました。「魔女宅」に出てきそうな町並みもありまして、なるほど！！と思います。魔女の宅急便屋さんが、ほうきに乗ってパンを届けにいくシーンはマルセイユを俯瞰しているかのような感じですね。

　ホテルは以前にも投宿したホテルでしたので、ここも安心。女性の会員様が多いので、4つ星以上のホテルにしてもらっています。アメリカンタイプのホテルですので、使いやすいですね～～～。
　ここは橋本さんの独壇場。テキパキとチェックインをしていきます。助かりましたね～～。これだけ多くの人数ですと通常はホテルのレセプションの係員はフツーに「めんどくさそう」な顔をしているのですが、橋本さんなので、会話も自然だし、トラブルもなくチェックインです。
　よくあるんですよ～～～。予約は入っていないよ！！とかバウチャーなのに、宿泊料よこせ！！とか、カードをID代わりに見せろ！！とか、よく、いちゃもん付けてくる場合があるのですが、橋本さんに任せたホテルはどこでもスムーズにチェックインができます。

　ここで、朝食の説明。翌日の集合時間。お買い物のご案内。夕食のご案内。等をして各々部屋にお入りいただきました。今回のツアーに会員様お1人でお越しの会員様は相部屋になったのですが、(別料金で1人部屋も可能でしたが) 橋本さんはここを一番心配されていました。曰く「旅行日程が長

くなればなるほど、部屋を変えてほしい」という場合があるそうです。でも小生は断言しておりました！！！　当社の会員様は「ハーブ」という同好の方々の集まりですから問題は起きませんよ〜〜っと。事実、橋本さんの心配は杞憂に終わりました。素晴らしい会員様ばかりで助かります〜〜。

　皆様ご安心ください。パリシャルルドゴール空港で迷子になってしまっていた手荷物は、無事に到着いたしました。。。さすが橋本！！　さすが㈱ツアーデスク。興津選手１人では絶〜〜対！対応できませんぜ……。(断言)

その11
夕暮れのレストラン
テラスにたたずむ７人の日本人

　という訳で、マルセイユに投宿です。本日から３泊。楽しみの夕べですね〜〜。南フランス・マルセイユの空気感の中で、楽しみの始まりでございます。

　問題なくチェックイン・会員様もお部屋にお入りです。ここで一旦解散！！　スタッフと食事の時間の約束をして部屋に入りました。簡単にシャワーを浴びて、夕食のために外出です。

その11　夕暮れのレストラン　テラスにたたずむ7人の日本人

　マルセイユは宿泊では2回目。日帰りもありましたので、今回で3回目の訪問でございます。まあ、港町なので「多少……気性が荒い」ので、気にしなければそんなに治安の悪さは感じないのですが、やっぱり暗がりなどは注意が必要です。ひったくりとか、スリなんて当たり前にいますので「身構えておく」必要はあります。皆様ご注意ください。それに対比しても、日本は安全な良い国ですよね＾＾〜〜。

　スタッフと待ち合わせしていた時間まで、ホテルの入り口近辺で会員様を見送りました。各々の思いでご出発でございます。近所のスーパー（といってもギャラリーラファイエットが目の前にあります）で惣菜とパンとワインを買い込んで部屋で食事になさる方や、思い切ってレストランに突入された方もいらっしゃいます。でもこの惣菜購入は「いいんです！！！」デパートの地下食で見かける食材は、本当〜〜〜に、美味しそう！！　値段はまちまちですが、割安感は絶対です。
　しかもワインは死ぬほど安い！！　3ユーロのワインなんてものもありますからね〜〜。これはテーブルワインじゃなくて調理用だとは思いますが、それでも3ユーロ。日本円で400円位でフルボトル。こりゃ安いでっせ！！
　でも一部には、ヴィンテージ物でしょうか目ん玉の飛び出る位の高〜〜〜いワインもありますんで、適当なワインを買いましょう。（ここはやはりロゼワイン！！…クドイ）

いつもなんですが、このスーパーでフランスパンとワインとチーズをまず購入。そして部屋に置いておきます。夜中にお腹がすくと、非〜〜常につらいし、心細くなってしまいます。これは買い置きをします。お腹に入るものがあると人間落ち着きますよ…ホント……。こんな時に、日本のデパ地下みたいな所で惣菜を見かけると食べたいな〜〜〜。と思う事が多々あります。丼物も惣菜でも「フランス料理」ですから（あたりまえだろ〜〜フランスなんだから……）美味しそうですよ〜〜〜〜。

さて、食事にお困りの会員様がいらっしゃれば同行させていただこうかな？と思っていましたが、皆様さっそくに、町中に突撃されていかれました。（突撃〜〜〜？　この表現は海外にお出かけになり、特に英語の通じない場所に行かれた経験をお持ちの方にはご理解いただける表現だと真剣に思います）

社内スタッフと合計3人は以前に行った、ブイヤベースのお店を探しに出かけました。まだ時間が多少早いせいか、レストラン街は空いています。や〜〜っぱり空いているレストランは「美味しくないのかな？」と思ってしまいますので、パスしていきます。以前に入ったお店も、全然お客様がいないので今回はパス。

町中をすきっ腹でうろうろしていたら、4名の会員様をレストランのテラスに発見！！！　無理やりに合流を図りました。スタッフと3人でお店に突入……。店内には他の東洋人は一組もおりません。公園に面している

その11　夕暮れのレストラン　テラスにたたずむ7人の日本人

　大きなお店で、テラス席にて会員様4名様が食事をされています。今回のツアーで非常〜〜に貴重〜〜な男性もいらっしゃいますのですぐ分かりました。お店に入りその横のテーブルが空いていたので、こちらから指をさして「あそこの席で！！」と日本語ですけど通じました。合計7人の東洋人の集団での食事会となりました。

　もちろんその会員様のテーブルにはすでにワインがありまして、これはとても正しい事です。（爆）でもね〜〜〜〜。赤ワインなんですよ……。ここはロゼワインでしょ〜〜。と興津選手もロゼワインのフルボトルを1本注文。さっそくシェアして飲み比べ大会の開催です。

　この時期でも注文は「ブイヤベース！」当然です。漁港ですからね……。マルセイユ……。正直に申しあげます。以前に行った時に食べたレストラン。今晩はパスしてしまったレストランの方が美味しいとおもいましたが……。まあ、注文しちゃったんだから、お口に運びます。

　マルセイユの公園に面したテラスレストランで、頭の毛が黒い一団が女子5人。男子2人。7人でワイワイ言いながら食事をしている様は……まあご想像ください。テーブルの上には、ワインボトル4本が転がっています。至福の時間でございます！！

その12
ツアー初めての朝＠マルセイユ

　このレストランはホテルから徒歩15分かかる場所ですし、この一角にレストランが集中している事はこの会員様にはお伝えしていなかったのですが、この貴重な男性会員様は非常に旅慣れているのでこの場所がわかったんでしょう〜〜。

　このレストランの傍に美味しいと評判のお店があるという「ぐるなび」情報をお持ちでしたし、興津選手もそのお店を探してきたんですが残念ながらお休みでした。そういやこの国では、夏休みを1カ月くらい平気で取るお国柄ですからこんなもんですよ。（まったく……）

　さすがに「鼻の効く」会員様でいらっしゃいます。この男性会員様は、前泊されていまして成田からはご一緒ではありませんでした。また帰りも別々にお帰りですが、前泊されていたので助かりました。なにせ成田からCDGまで12時間、トランジットでマルセイユですから、突然の体調不良の方がいらっしゃってもおかしくありません。その場合は自分の部屋は緊急用に使っていいよ！！なんて言ってくださっていました。

その12　ツアー初めての朝＠マルセイユ

　ともあれ、でもね～～～。赤ワインはだめでしょう！！（爆）この会員様はワイン通で、赤ワインが特にお好きなんですけれど……。
　白ワインやスパークリングワイン、ロゼワインを興津選手が好きなのは一つ理由がございます。このワインたちには共通項がありまして、すべて冷やすワインなんですね～。ワインクーラーがテーブルのそばに置かれますし、見た目も豪華じゃないですか……。この豪華さ加減と、テーブルにお水のグラス、ワイングラス、スパーク用のフルートグラスが並んでいるとそれだけでも豪華な気分を味わえます。ここに赤ワインのグラスも入れば1人に4つのグラスが並びますから、これだけでも絵になっちゃいます。

　食事を済ませて、和気あいあいの空気感で、やっと陽のくれたマルセイユの街をホテルまで三々五々、多少の千鳥足で、日本からの時間距離を感じながらご帰還でございます。本日はここで解散！！　宿泊でございます。日本から出て、40時間ぶりの布団に包まれて、ぐっ～～～すり。

　朝だ！！！！
　そうなんですよね……。時差の関係から朝の4時ごろには目が覚めちゃいます。さすがにまだ暗い……。
　でも、もうすぐ日の出の時間でございます。
　シャワーとか使って、時間調整して7時の朝食時間を待ちます。本日が今回のツアーのメインのバスツアーの日でもあります。集合時間もわりと

早いので朝一番に食事しよっと……。時間になりまして朝食会場に向かいましたら、もう開業しています。(開店ですね～)これは珍しい……。

　会員様もちらほらいらっしゃいまして食事をされています。昨晩の夕食はいかがでしたか？とお声を掛けさせていただきながら朝のご挨拶でございます。わりと皆様ちゃんと食事をされていまして存外に安心しました。
　部屋の番号を言ってテーブルにつき、珈琲を頼んで朝食バイキングのスタートです。バケットとジャムにバター。コーヒーとサラダにコンビーフ１枚。チーズにハム。これで終了。あっ！そうそう！！コーンフレークに牛乳の代わりにヨーグルト、そこにフルーツをぶち込んで！これはおいしいです。興津選手のお気に入り。フランスのホテルの朝食はおおよそ野菜が少ないので、食物繊維質を取るためにもコーンフレークにヨーグルト。フルーツトッピングは必要だと思います。ぜひぜひお試しあれ。

　以前にこのホテルに投宿した時なんですが、このホテルのシステムとして、朝食チケットはなく入り口に門番（ホテルの係員さん）がいますので、その門番にルーム番号を伝えると入れてくれます。
　あるとき、この門番さんがたまたま厨房に入っていて入り口にいないときに、東洋系の団体さんが大人数でどやどやと入ってきました。入り口に門番がいないので仕方ないのですが、思い思いにテーブルに着席したと思ったら、いっせいにバイキングの朝食に向かって突撃していきました。

その12　ツアー初めての朝＠マルセイユ

　すでに席をもらって食事をスタートしていた興津選手はこりゃ〜〜すごい事になったな〜〜。と思いつつ眺めていましたら、その門番さんが厨房から出てきた時、目をまんまるにしていました。だってチェックしていない東洋人が山盛り入っているし、もう好き勝手にバイキングのお皿を持って、わりと大きな声でどかちゃかやっているんですからそりゃ驚きますよね……。1人ひとりに声を掛けてルームナンバーを確認していったのですが、その最中にも朝食客がなだれ込んできますし、1人で四苦八苦しています。西洋の方々は髪の毛の黒い方々、つまり東洋系の方々の個体識別が苦手な方が多いとお見受けしています。

　西洋の方々は髪の毛の色もまちまちですし、洋服等でおおよそどの国の人だかわかります。またアングロサクソン系の方々は、基本的に身長・体重が大きな方々が多いですので、（想像してみてくださいドイツのビアホールを）個人識別はわりと出来ます。でも、東洋系の方々はおおよそ同じ位の身長の方々ですし、髪の毛はみん〜〜な黒いし、目の色もおおよそ黒色です。識別しにくいみたいです。それが証拠に僕のところにまでルームナンバーを聞きにやってきました。（もう伝えただろ〜チュウノ）

　ただ、黒髪のブラックアイには神秘的な感情を西洋の方々はもっているのか、好まれる対象のようです。女性の話ですよ……。特に日本人の女性は結婚対象として、好意を持っている方が多いそうです。そりゃそーだと思います。だって西洋の女性の輝く一番きれいな時はホントにそりゃ〜美しいんですが、年齢を重ねていくと「ふくよか」になられる方々がおおい

ですよね〜〜〜。（えっ？ふくよか…という単語でいいんでしょうか？　思い出してください。ドイツのビアホールを！！）でも、スペインとかオランダの方々はそんなでもなかったかな〜〜とも思いますが……。

　食事を終えて、いったん部屋に戻り、態勢を整えてロビーに向かいます。エレベーターは「０」。階グランドフロアーです。実は今日この時間にハンガリーから４人様がいらっしゃることになっています。ハンガリーの医科大学に進学されている日本人学生さんで、卒業年度の前に小旅行として、マルセイユまでお車で来られたそうです。やるな！！日本人。
　バスツアーの料金・昼食代金をいただいて、本日のみのご参加でございます。この中の男性１名は以前アヴィニオン・パリツアーに現地参集でお越しになられた会員様でもございます。なつかし〜〜〜。２年ぶりの再会でございまして、今回は同じ大学の日本人学生さん女子３名様とご一緒でございます。
　無事に集合！！！　全員おそろいでございます。さあ〜〜これからバスツアーの開始でございます。クーラーの効いた大型バスで楽ちんな移動でございます。やっぱりいいですね。手間がかかりません……。南フランスの大地の涼やかな空気の中、しゅっぱ〜〜つ！

その13

まってました！！ 世界のラベンダーの里「ソー村」

　さあ！！いよいよ本番の日です。このツアーのメインキャスト（ン？）メインイベント！！！　いよいよラベンダー村として世界的に有名な「ソー村」に向けて出発でございます。バスもホテルのすぐそばまで到着しています。首尾よくハンガリーからの会員様も到着され、㈱ツアーデスクさんに本日分のみの会費をお支払いいただきまして、合計32名で出発です。

　いや～～！！皆様の日頃の行いの御蔭様で晴天です。絶好のプロヴァンスツアー日和。最高です。確かに日向にいると暑いのですが日陰に入れば涼しい。それにワインも美味しい！！（朝だ！！朝ですよ……。いきなりワインの話か！！……）

　ともあれ、ソー村まで出発です。前回までのツアーですとアヴィニオンに宿泊ですのでソー村まではそんなに遠くはないのですが、今回は大人数ということと「演劇祭」に重なりましたので、アヴィニオンには宿泊できませんでした。やむなくマルセイユ宿泊のため多少時間がかかります。目

ソー村が近づいて来た。無人の土産物屋さん

的地までは2時間半位の行程です。

朝8時にバスが出発。そのバスの中で本日のツアーの説明。昨晩の夕食の戦勝話。(なんで食事が戦いなんだ〜〜?)みなさんで自己紹介などをしながら目的地に向かいます。

毎度も書かさせていただきますが同じ目的を持った方々ばかりなので話も弾みますし、すべてを忘れて和気あいあいとバスは進みます。(一昨日会ったばかりの方々とは到底思えません……)

しかし、良い天気です。風もないし穏やかな南フランスの大地をバスはスムーズに走っていきます。この空気感を文字で伝えるのは難しいですね〜〜〜〜。でも本当に気持ちの良い風が身体じゅうを包み込んで、そして通りぬけていきます。

だんだんと道は上り坂になり、いよいよプロヴァンスに近づいていきます。結構山岳行程なんですよね。昨日も申しあげましたがこちらの運転手

その13 まってました！！ 世界のラベンダーの里「ソー村」

さんは運転が本当に上手。安心してバスの車窓から南フランスの風景を堪能してまいります。

　峠の頂上から少し下り始めました。視界が広がります！！

　待ってました！！！（イヨ！大統領！！なんて掛け声も掛かりそうな位ですが……）ラベンダー・ラバンジンの畑が広がります！！！　それこそ私たちのバスの足元から、数キロはあるであろう向かいの山の裾のまでラベンダー畑でございます。ところどころに休耕地があり小麦を栽培している畑もあるんですが、その色のコントラストも素敵です。

　バスの中ではいっせいに歓声が上がります。その後は絶句。そして誰一

人として車内を見ている人は無く、すべての方々が両側の車窓に広がるラベンダーの里の風景を凝視……ご堪能でございます。

　これも文字で伝えることは無理ですね～～～。これは感動ですよ！！！感動もの。

　だんだんと畑が近づいてきます。ここは商売人の興津選手ですから、みなさんと多少違う所をみているのです……。会員様はラベンダーの花とその畝が広がる世界観をご堪能ですが、興津選手は、今年の作柄はどうかな～～と、ラベンダーの根元の育成状態や土の状態に注目でございます。前の冬場の雪の残雪状態や、日当たりの状態などにより育成状況が大きく変わります。またラベンダーは水に弱いのでその育成状況が気になります。最近ではラベンダーより多くの精油の採れるラバンジンの栽培が増えていますので、その比率も見たりしています。

　ラバンジンの方が、色が濃いのと節別れしているので一目でわかります。遠目からみるとラバンジンの方が綺麗に見えます。ラベンダーの方が薄い色に感じますね。いや～～本当にラベンダーの里でございます。この風景は一度は是非ご覧ください。心から感動しまっせ……。

　さて、今年は前回まで訪れていた精油工場ではなく、もう少し大手の精油工場（農場）さんに行かせていただきました。なにせ今回は人数が多いので、前回までの精油工場にはバスが入りません。今年は本当についてます！！！　今まさしく！！何とラベンダーの採油を丁度行っている所に突

その13 まってました！！ 世界のラベンダーの里「ソー村」

入出来ました。

　ううう！！！苦節〇〇年。ついにプロヴァンスラベンダーの採油の最中の感激が……。今までは採油している、まさにその時にあたったことはなかったんです。一面のラベンダー畑の様子を見たい！！となると、刈取

ソー村のラベンダー生産農家の女性
ラベンダーの説明をしてくれました

り前ですので、採油にはまだ早いということでありますが、採油している時節ですと畑のラベンダーは収穫が終わっているわけで……。

　今回はついていました。採油がはじまったばかりの時期でしたので、まだ畑のラベンダーは残っていましたし、このようにして採油しているまさにその現場に立ち会えました。うれしいですね〜〜。

　会員様もひどく興奮しているのがわかります。だってね〜〜。この光景に当たりたいがために地球の裏側からわざわざ出かけてきたんですからね。

その14

オープン・ザ・ラベンダー蒸留釜

　でっ～～かい釜が、まさしく今、その蓋が開いた所でございました。興津選手はそそくさとその釜に直行！！！　ラベンダーが色あせて湯気を立てている所を断りもなくつまんでおりました。工場の方（フランス人）は、勝手に触るんじゃないよ……。あ～～～あしょうがね～～な～～～的な視線を興津選手に注いでいます。

　でもね～～～～こんなチャンスはめったにお目にかかれませんし無理もないでしょう～～～？？？（言いわけです～～。笑）……笑ってすませられんでしょうか？？　そのフランス人も無言で、しょうがね～～な～～的な態度でございまして特に制止する風情もありません。

　感激ですね～～～みなさん！！採油している所をご覧になった事あります？　高さが３メーター位。直径２メーターもあろうかという大きな釜（**次頁写真**）で、ラベンダー全草が水蒸気蒸留のまっただなか。これでもか！！という量のラベンダーが釜の中に押しこまれています。トラクター

その14　オープン・ザ・ラベンダー蒸留釜

のタイヤみたいな重しをして、下からボイラーでお水を沸かして、その水蒸気の力を利用してラベンダーウォーターとラベンダー精油を作っていきます。今まさ

にその重りをクレーンでつり上げた瞬間でございます。今まで何回もツアーを組んできましたが、採油の最中は初めてです。

　会員様は、周りの畑のラベンダーを写真に収めたり、工場内の説明会場に入っていきます。今回人数が多いので、お土産屋さんに半分。説明会場に半分の方々がお入りになり、た〜〜っぷりと説明を拝聴しました。曰くこの農場はいつごろからあってラベンダーの採油はいつごろから始めてとか、ラベンダーの精油の説明であったり……。興津選手にとっては、ある意味申し訳ありませんが、気になる内容ではありません。一番気になるのは今年の作柄。さらに価格ですよ。（商売人やね〜〜）近年、ラバンジンの需要が伸びているので、ラベンダーの作付けが減少していることの方が心配です。

　この点を工場長に確認したら、やっぱりラバンジンの方が、ラベンダー

より作付が簡単で、また香水香料としてラバンジンの方が需要があり、なお多くの採油ができるということがラベンダーよりもラバンジンの方が増えている理由であると言っていました。

　価格はラベンダーの方が高いのですが、ラバンジンの方が採油量が多く、生産性が高いらしいです。香料の世界の方々にとっては安くて良いオイルなんですが、アロマテラピーのわれわれの世界としては正直困りますよね〜〜〜。フレンチラベンダーの採油量が減ることは非常に困ります。

　さてさて、説明も終わりお土産屋さんの視察です。ドライのラベンダーを花束状にして茎をさかさまにしてリボンで留めてある「バンドル」があったり、石膏の置物があったり、当然ですがいろいろな精油を物色したり。それはそれで楽しい時間でございます。興津選手はどんな商品が展開してあるのかな？　という点が気になります。い〜〜っぱいお土産というサンプルを購入してまいりました。（笑）

さ〜〜〜ていよいよ工場の裏手に参ります。先ほどの釜から伸びている管は工場の裏手に壁を突き抜けて回り込んでいます。でたーーーーー冷却釜（**写真**）です。ちょろちょろと蒸留釜からラベンダー蒸

水蒸気蒸留法と蒸留器とは

　エッセンシャルオイル（精油）の採油方法は数種類ありますが、水蒸気蒸留法は一般的な採油の方法です。これはハーブを大きな釜に入れて、下部から水を熱し、その高温の水蒸気を釜の中のハーブに通します。そしてハーブを通過した水蒸気を集めて冷やしますと、その水蒸気がまた水に戻ります。その際にその水分と油分に分離します。このハーブの油分がエッセンシャルオイル（精油）となり、その水分はハーブウォーターとなります。

　例えばラベンダーの精油1000ccを採油するには、約200kgのラベンダーが必要と言われ、ローズだと、5000kgも必要と言われています。

　蒸留釜の構造は、下から、①バーナー部分。（火力を発生させる部分）②水を入れておく釜③密閉された釜の上部には鉄の格子があり、その上部にはハーブを詰め込むずんどうのような本体があり、重しをかけてぎゅうぎゅうに押し込みます。④水蒸気を集めるために蓋をして、その水蒸気を集める管をつけておきます。⑤熱せられた水分が水蒸気になりハーブのずんどうを通り抜け、上部からの管に入って行きます。その管はらせん状になり、水の桶をとおり、だんだんと冷やされていきます。⑥そして最終的に大きな桶に集められます。⑦その集められた水分の上部に分離した油分と水分にわけられ、その油分がエッセンシャルオイル（精油）となります。

蒸留所（上）、蒸留用の水源（下）

留水が流れ込んできます。これを受け止めて冷やしていくと上層部に薄いオイルの膜が張ってきます。これがラベンダーオイルでございます。上から流れ込んでくるできたてほやほや。まだ温かいその水分を、工場の女性の方が大きなコップに受け止めてくださいました。（**88 頁写真**）

会員様も興味津々でございましてみんなで香りをかいだりして回していきます。興津選手は思わずこのできたてのラベンダー精油のたっぷり入った液体を手に受け止めていました。さすがに蒸留水の冷却釜に手を入れることはできませんので、これはありがたかったです。

まだ生ぬるい、できたてのラベンダー精油混じりの蒸留水。小さなうつわでしたから本来なら精油は採れないのですけれど、やっぱりできたてな

その14 オープン・ザ・ラベンダー蒸留釜

んですね。よくよくみると、蒸留水の上層部にはそれなりに精油の薄い層ができていました。

　なんとなく粘着力を感じるその清らかな水は興津選手の手の中に納まりました。そしてそれをいとおしむ様に手から腕へと引き延ばしていきます。香りのタッチが多少変化する所を見逃しませんでした。

　いや～～～～良いい～～～！！
　本気でいい～～～～！！！
　とっても素敵～～～～！！！！（うるさいよ……）まあそう怒らないでください。4回も5回も南フランスの片田舎まで行って初めての経験なんですから～～。

　これを眺めていた会員様も、我さきに（頂戴）をしています。（おいおい赤子じゃないぞ、この表現は失礼だろ～～）ここはニコヤカニ皆様にシェアして差し上げました。ほとんど感情の赴くまま、工場のくだんの女性に断りもなく……。まったく失礼な日本人です。（興津選手のことですよ）会員の皆様の顔立ちが満面の笑みに変わります。その女性もその表情をみて微笑んでくださいました。（お許しがでたところであります）

　それからは入れ替わり立ち替わり、冷却釜を覗き込んだり写真を撮ったり。もう工場の裏手ではひとしきり大騒ぎが繰り返されました。まあ困った日本人軍団ですやね～～～。（爆笑…会員様も巻き込んでいいのか！！？）

　でもしょうがないですよね。この経験をしたくて、わざわざ日本から、

フランスの片田舎まで来たんですから。

その15
陽気なイタリア人も急遽参入
みんなの写真撮影大会

　今回のツアーのハイライト！　そうなんです！！　ラベンダーの蒸留！！　この瞬間に立ち会いたくて、わざわざ日本から出かけたのですから、この感激は忘れません。ご参加されていた会員の皆様も口々に感激のご様子。もう子供みたいに皆で、はしゃいじゃいました……。これもご参加された皆様の日頃の行いでしょう……。いや～～素晴らしかった。原稿を書いている今でも、その光景を思い出します。「ソー村」ですね～～～～。

　ということで、ラベンダーの蒸留所を後にいたしまして、ラベンダーの生産農家さんに向かいます。
　ラバンジンの収穫真っ最中でした。でっかい倉庫には稲架掛け状態になったラバンジンがこれでもか～～～～～～っという程倉庫にあふれていました。ここは蒸留所で余りにも時間を取りすぎてしまいましたので、

少しの時間の見学にいたしましたが、全員集合写真を撮りました……。

　正直申しあげまして、収穫体験はあまり興味ありません。だって……。採油中の光景を目の当たりにしたあとですし、やっぱりラバンジンですから……。と申しましても、やっぱり畑に行きましてラバンジンの畑から頭だけ出して写真を撮っちゃいました。題して、「ラベンダー風呂」。(**口絵5頁写真**)

　面白いもので1人がはじめると……（興津選手ですけど……）みんな真似して、畝の中にどんどん入っちゃえーとばかりに入れ替わり、立ち替わり……。まったく困った日本人だこと……。（誰ですか？　最初に入ったのは……スミマセン）

　まずい……。添乗員さんが多少…結構慌てています。軽いノリで、能天気に「どうしました〜〜？？」と声を掛けたら「昼食の時間過ぎてます」。コリャまずい……。そうなんです。この片田舎で食事を取るとすると、ものすごーく時間がかかります。以前のツアーで来たときは、6人で平気に2時間も昼食にかかりましたので、添乗員さんにくれぐれも短時間で（フランス片田舎の時間計測で）食事を提供していただきたいことを念入りに頼んでおいたのに、こっちが遅刻じゃまずいでしょ〜〜。やば〜〜。

　それとなく、会員様を羊飼いの犬の気分でバスに押し込んで（こらこら表現に気をつけろ〜〜）とっとと出発です。添乗員さんも、お早めに〜〜〜とバスの運ちゃんにお願いしています。

そんな喧噪も知らずに、バスの中では先ほどのラベンダー蒸留所・農場の興奮が冷めやらず、騒然とした、混沌とした空気感がバスの中を占領しています。

着いた～～～！！なつかしのソー村役場。ここには観光案内所があってソー村のポスターとか観光案内があります。その前の通りを渡ると公園がテラスの様になっていて、高台にあるので視界いっぱいにラベンダー畑が広がっています。南フランスの爽やかな風を頬に受けて見渡す限りのラベンダー畑。ラベンダー色。想像してみてください。さあもう一度想像してみてください（クドイ）。

ここでも我先にと写真タイムとなってしまいます。ここは必定ですのでいたしかたない。我々も集合写真を撮りたい。と一番良い場所を探しましたがやはり先客がいて、イタリア人の集団でした。……でも人数は15人くらい。人数じゃこっちが勝ってるよ（笑）。

くだんの横断幕を持ちだして、なんとなく大人数でそのポイントに向かいます。イタリア人も察知したのか、写真撮影も終わっていたのか、言葉は通じませんがなんとなく（仕方なさそ～に）撤収してくれました。「フレーバーライフ社創業15周年記念」という横断幕を珍しそうに見ています。集合写真を1枚とっていたらそのイタリア人のグループの男の子に、当社ツアーに参加されていた会員様が日本語で「こっちにおいでよ！！」と手

その15　陽気なイタリア人も急遽参入　みんなの写真撮影大会

招きしてるじゃあ〜〜りませんか。
　普通来ないよね。一緒に写真には入らないよね。普通は……。
　さすが「イタリア人」ノリの良い最高な人種です！！！（笑）　若い子たち、多分高校生くらいだと思うんですが6人位写真にちゃっかりおさまっちゃっています。ぜひぜひツアーの写真を確認してみてくださ〜〜い。

その16
天空の城「ゴルド」

　さあ！！食事です。大事なミッションですよ〜〜〜。食事！腹がすいたら◯◯できね〜〜。ってなもんですから。と〜〜〜っても大事です。ソー村の公園の観光案内所を背中にして左隣にお土産屋さん兼レストランがあります。今回の食事場所はそこではありません。そのもう一軒隣のお店です。

　ン？？　なにか記憶あるぞこの店……。そうだ〜〜〜〜以前にアヴィニオンからのツアーの時に会員さんと一緒に入ったお店だ〜〜〜！！！　しかも食事に２時間もかかったあのお店です（橋本さん大丈夫！？！？！！！）という心配がよぎります。

　でもね……。今回は全然大丈夫でした。今回はさすがに人数が多いので事前に予約をしてありますし、食事も「ムニュ」（定食）しか取れません。

　前菜に野菜サラダ。なんとこの上にカモ肉のソテーが乗っかっています。お仕着せの食事なので、メニューという不思議な象形文字みたいな書物を穴のあくほど眺めつつ、訳も分からず「エイヤ！！」という掛け声でオー

その16 天空の城「ゴルド」

ダーし、ともかく出てきた物を文句なく食らうという不思議な行動をとらなくて済みますので、これは助かります。もう一皿出てきたと思うのですが記憶から出てきません……。デザートだったかな〜〜。

まあ、そして一番大事なのは「ロゼワイン」よ〜〜〜く冷えた「ロゼワイン……」もうこれなくして南フランスを語る事はできません。付け合わせのバケットを胃袋に放り込みつつ、ワインで流し込む美味しい食事。そしてその場所はレストランの中庭。テントの張ってあるパティオ、（なんでここだけイタリア語なんだ？？）南フランスの太陽が差し込むところは暖かく日陰だと涼しい、湿気の少ない南フランスの気候の中での食事です。一言「良い！！」「セボン」な食事でした。ゆ〜〜ったりとした、時間に縛られないラベンダー村のお食事でした。

そんな楽しい思いを記憶に入れながら、バスは出発いたします。ここでもう結構良い時間です。２時ごろだったかな？？？　ここからは、リュベロン地方の定番の観光地へ向かいます。

ゴルド！　みなさん行ったことあります？？？　ゴルド。ここの町は中から見ていてもあまり面白い町ではありません。ここは、谷の向こうにゴルドを見る絶景ポイントがあるんです。(**次頁写真**)

でもね、ここは道路の端なので観光地化はされていません。しか〜〜しゴルドの町の写真はほぼここで撮られます。(**口絵６頁写真参照**)

「天空の城ラピュタ」という映画ご存じでしょうか？　その舞台になっ

写真撮影ポイントの隣家（このテラスには入れません）

たと言われている街並みです。宮崎駿さんはいろいろな映画を作る前に、スタジオジブリのスタッフさんみなさんでこの地方を下見されたことがあるとどこかで聞いたのですが、それもうなずけます。「魔女の宅急便」もマルセイユが舞台になった一つとも言われていますし。どうやら、南フランス一帯を下見されたそうです。

　先にも書きましたが、あの有名な地中海に面しているエズ「鷲の巣村」

その16 天空の城「ゴルド」

は崖の上に家がへばりついています。ローマ帝国時代に侵略に備えてこんな不便な所に村を作ったそうです……。エズのあたりの一帯は「紅の豚」に登場する地域の雰囲気感満載ですよ。

　ゴルドの眺めはいいですよ〜〜〜。絶好の写真撮影ポイントです。ここは道路から崖っぷちに岩が突き出ているだけの場所ですから今まで何人も落っこちているそうです。日本だったらさっそく手すりかなんか取り付けるのでしょうが、さすがフランス！自己責任の国、何にも対策はとっていません。そのスペースは畳8畳分くらいしかありませんので、観光客の皆さまは順々にその上に乗って、背中にゴルドの町並みを背負って写真を撮ります。ガイドさんに聞くと、駐車スペースも少ないからあまり長居するな！と注意勧告はあるみたいですが、観光客は全然言う事を聞きません。（これは日本人の事をいっている訳では無くて、すべての観光客のみなさんの事ですよ〜〜〜笑）だからといって広い駐車場スペースを作ることもありません。

　まあ〜〜これが良いんですけどね……。フランスらしい…。ともあれ会員様は歓声をあげながら順々に写真に収まり、ご満悦でございます。その写真撮影観光ポイントを後にいたしまして、せっかくですからゴルドの町へ向かいます。坂道の多い町ですが教会を中心に広がっている街並みを多少の散策。興津選手もこの町を散策したのは2回目。以前にここの町のカフェで簡単な昼食を取ったことを思い出しました……。

その17
プロヴァンスの観光ポイント
「セナンク修道院」 さて、おススメは？

　さてさて、ゴルドの街中で少々の時間観光・散策タイムです。このゴルドは街中にいても、あまり感激することはありません……。（ごめんなさい）でも、ヨーロッパ地方独特の町の構成でして、ほぼ町の中央に教会がございます。教会はどこもだいたい無料ですので、クリスチャンでもなく仏教徒でもない興津選手も中に入ってみます。

　ただ、そんなに大きな教会でもありませんので、「はは〜〜ん」こんな感じか……、っていう感じで教会を後にします。

　ゴルド。この教会の近くの街並み。というか、街の建物の造りは面白くて、迷路みたいになっていまして、ちょこっと散策するには良いかな？と思います。オーガニック素材での喫茶店があります。コーヒーが真面目においしかったなと記憶しています。庭先に大きなオリーブの樹がありまして、その下に円形テーブルが出ています。日陰で涼しく……。おいしい無農薬コーヒー。おすすめです。

その17　プロヴァンスの観光ポイント「セナンク修道院」さて、おススメは？

　ここを抜けて、ゴルドの城壁というか建物の境までいくと眼下にリュベロンの自然が大きく広がっていて、崖の下方向に車などが小さく見えますのでこれはこれで楽しめます。先ほど歓声をあげていた岩盤のテラスも見えます。(**写真**)

　教会の前の広場にはバスを長時間停めておけませんので、約30分程度で出発！！

　さあ今度はセナンクの修道院へ。この修道院はいまだに修道院としての活動をしているそうですが、最近ではラベンダー越しの建物が観光ガイドなどによく掲載されていますので、ご記憶の方も多いのではないか？と思います。

　ここは間違いなく観光ポイントですね〜〜〜〜。

　ここの観光ポイントは何カ所かありますが、まず、車でアプローチして

103

いくまでの崖道ですね〜〜。実に…本当に……狭い！！　無茶苦茶細い道を大型観光バスが下りて行きます。

　この坂結構急坂！！　夏のシーズンは一方通行になっていると聞きましたが、夏のシーズン以外でも一方通行にしないといけないのではないか！！！と真剣に思います。（日本人が言う事ではありませんがね〜〜笑）この急傾斜の細い道を下って行く最中にバスの車窓から左手眼下に修道院が見えてきます。この風景も捨てがたい。

　次の観光ポイントは、駐車場から修道院まで向かう散策道ですね〜〜。南フランス独特のプラタナスの梢の下を修道院まで向かう道は、「おむ_・き_・」があります。そして、修道院が近づいてくるとラベンダー畑が見えて来ます。そう、ここが修道院の入り口。十中八九の方々はここで「パチリ」と写真を撮られます。実は写真ポイントはこのちょっと先になりますよ〜〜。

　いいえ、特にここで写真を撮ってはいけない！！という事ではありませんが、その先の方が、修道院がもっと大きく見えて、ラベンダー越しにフレームに入るので、こっちは絶対のお勧め。ここは10人中10人が決まって写真を撮られますね。

　以前行った時に、ラベンダー畑を休めるために小麦を栽培していた時がございまして、**（口絵7頁写真）**そんときゃ……なんでだよ〜〜とちょっく

その17　プロヴァンスの観光ポイント「セナンク修道院」さて、おススメは？

ら怒っていた事もありましたが、で〜も〜逆にその方が珍しい……。という事も経験しました。ラベンダー越しの修道院も良いですが、小麦越しの茶色の色の上に修道院の土壁色。というのも、まあ「おつ」なものでございました。

　このラベンダー畑は契約農家さんが管理しているという話も聞きまして、なんだ〜、修道僧は栽培していないんだ〜〜なんて文句を言ってはいけません。この契約農家さんのおかげさまで、あの素晴らしいラベンダー越しの修道院を堪能できるのですから……。

　さて、この南フランスの空気と風と太陽光を直接地肌に感じますと、正直「暑い」ということになります。そこですかさず「ラベンダーソフトクリーム」売り場が目に飛び込んできます。曰く、ここでゼッテー食べろ……的な半ば強制的な感じです。ここで屈してはいけません。（正直甘いものが好きなんだけれど、興津選手は、ここで打ちのめされてしまいますのでここは視線をそらします……はっ？）

　ここは修道院なので、特に女性のノースリーブ・ショートパンツ等の肌の露出の多い服装ですと修道院の内部見学はできません。昔の体操服みたいなズボンをはかされて、中に入っていく方もいらっしゃるのです。これも事前に予約しておけば入れるそうですが、クリスチャンでもなく仏教徒でもないノンポリ興津選手は、修道院のお土産売り場に入れればそれで「よし！」です。

ここでは色々な物を売っています。ラベンダー関連商品（ドライラベンダーバンドル・石鹸・香水・キャンドル等）あるいは、ハーブ関連商品。以前ここで、南フランスのハーブの図鑑を買って帰ったことを思い出します。（東京・国分寺の本社にございます。お気軽にお越しください）そのほか、修道僧が作った「はちみつ」とか……。

　興津選手のお勧めは、この地方独特の商品。つまり他では売っていない商品がお勧めですね〜〜〜。例えばセミの形をしたお土産とか、（フランス国内では、セミは南フランスにしか生息していなく、また幸福のシンボルと呼ばれています）ハーブ関連商品。ラベンダーのバンドル、石鹸等ですかね。パリの市内でもプロヴァンス地方物産を扱っているお店もありますのでそこでも買えますが、基本的にフランスではその地方・地方の物産はそこでしか買えない場合がおおいですね。

　それから、ちょっとひねってではありますが、教会音楽のCDです。以前行った時にこの売り場全体のBGMとして館内に流されていて、無茶苦茶欲しくなったので、拙い日本語と英語とフランス語で聞いたら、あっちで「売ってるよ」と簡単に指差されましてその方向に行くと、CDがい〜〜っぱい陳列されていました。

　いざ買おうかな！！と思っても、何と不親切な事に日本語の表記は一切ありません！！（まあ、当たり前ですが）　何処かに英語は書いてないかな？と思ってCDジャケットを穴があくほど見ても、どこにも英語表記さえも

その17 プロヴァンスの観光ポイント「セナンク修道院」さて、おススメは？

ありません。さすがフランス。あなどれません……。今回もベストセールと書いてあった（多分……。①②…とPOPがあったので）そのCDを2枚程購入してきました。この時は日本円で1枚1600円位だったと思います。
　教会音楽ですから何と言っているのか？　曲名さえも分かりませんが、これ帰ってきてしみじみ聞くと、「良いんです」「いいんです」。心が折れそうになった時に、しみじみ、心に沁み込んできた事がございます。

　以前にもご一緒していただいた会員様は、このことを申し上げていたのでご購入されたみたいです。ご自身のサロンで施術の時にBGMでお使いになられているのかな〜〜〜？　でも、ここはお土産の宝庫です。ここで買っちゃうと手荷物増えちゃって〜〜、と思う方もいらっしゃいますがここで買わなきゃ何時買うんですか？
　いつも思うのですが「いいな！！」と思った物は、即座に手に入れておくべきだと思います。確実にパリで売っている物ならともかく、片田舎でも、「いいな！！」即購入。これがおすすめです。

その18
本ツアー メインイベント終了
マルセイユまでの道中に想うこと

　セナンクの修道院。まあどうしてこんな片田舎に修道院を作っちゃったんですかね〜〜。そもそも修道院とはそういうものだとは思うのですが、なにもこんなにもヘンピなところでなくても……とも思っちゃいますね。周りには何もありません。右側には崖、左側は森。そしてその先にも崖。ホントに周りにはなんに〜〜もありません。修道院のみがポツンと存在しています。まあこれも風景ですね。でも冬は寒そう……。

　ご一緒の会員様も、思い思いにお買い物を楽しまれています。というより、正直、自分自身が楽しいので人の事などかまっちゃいられません。時間も押していますので見学時間も限られるのですが、興津選手は見たい所でドスンと時間を使っています。そう……CD売り場の前でウンウンとうなっていました。（結局2枚購入）当然中身の音は分かりません。これは日本に帰ってからのお楽しみ。

　さあ、時間が迫って参りました。マルセイユに向かって、このツアーの

その18　本ツアー メインイベント終了　マルセイユまでの道中に想うこと

ハイライトでありました1日を振り返りつつバスの中の人となりましょう。リュベロン・プロヴァンス。フランスの田舎町は本当に気持ちいいですね〜〜。バスの車窓からの風景はフランスそのものです。（当たり前だろ〜〜仏蘭西なんだから……）

　だんだんと喧噪の町に近づいて参ります。そうマルセイユです。どうもこの町はあまり好きになれません。だって、一昔前のパリみたいに、町中はゴミが多いし、人も多い。さらに治安もあまりかんばしくありません。
　（突然ですが……）30年位前にパリに行った時のことです。パリの町中は汚かったですよ。今はずいぶんきれいになりました。これは、雇用対策なのだと思いますが町中いたるところにゴミ箱、ならぬ、ゴミ袋があります。鉄製のスタンドが歩道のあちこちに高さ1.2メーター位に林立し、その先端には直径50センチ位のリングがついています。このリングの所に、半透明のゴミ袋の上部を袋をひろげて留めてあるんですね。これが簡易のゴミ箱代わり。通りすがりの方々が、なんでもかんでもポィ！！とゴミを投げ入れて行きます。
　感覚でですが、場所にもよりますが、オペラ座の近辺は100メーターに1カ所ぐらいありましょうか、ともかくこのゴミ袋のおかげで町中はきれいになりましたね。蛍光グリーンのベストを着た方々がゴミ箱の清掃の巡回に回っています。オペラ座の近辺では、日がな一日いつでもこの光景に当たります。

ついでに書けば、業務用でしょうか、大きなダストボックス（硬質プラスチック製の高さ1.5メーター位・縦横90センチ位の大きな蓋付きのグリーンボックス）が早朝には道端に出ています。ゴミの収集車（パッカー車）が来て、その箱のつまみといいますか、フックとでもいいましょうか、そこを引っかけて収集車の上部にまで持ち上げて倒し込みます。蓋は自然に開いて、中のゴミが収集車に落ち込んでいきます。早朝ですとこの作業に出くわしますよ……。

　以前は歩道のあちこちにタバコの吸い殻とか、紙ごみとかが散乱していたパリ市内ですが、今は昔、相当きれいになりました。パリの印象も良くなりましたね……。

　これと対比してマルセイユは、ちょっと汚いかな〜〜。でもまあ、港町ですし、気も荒い地域でもありますし、まあこんなもんかな〜〜。でも活気にあふれています。

　さあ、このツアーの「世界最大のラベンダー畑にはまる！」というメインイベントの終了です。（あ〜〜〜よかった・無事に終了〜〜）

　しかし、地球の裏っ側へのバスツアーを組んで、日本から大挙して30人超え。しかも、南フランスの田舎町までの大行程！！　我ながら良く出来たもんだ…、と感慨ひとしおでした。これも会員の皆様のおかげ様でございました。ありがとうございました。帰りついた時も、皆様お元気でいらっしゃいましたし、お顔・お顔には満足であったぞ！！という感じがに

じんでいらっしゃいました。(あ〜〜よかった) さあ、明日はマルセイユの自由行動日そして明後日はパリへ向けて出発でござる。

その19
おいしいレストランの選び方
(これホンキに重要！！)

　さて、このツアーの最大のイベントが終了いたしました。楽しかったですね〜〜というより、ちゃんとした視察ですよ〜〜お仕事。お仕事ですってば〜〜！！
　マルセイユに帰りつきました。会員の皆様も三々五々ホテルに吸い込まれていかれます。皆様お元気そうなので、一安心です。さ〜〜て、マルセイユで夕食です。(食事は一番大事なミッションでございます、当然です、笑)マルセイユにはすでに、確か3回目の訪問ですので、食事も色々と物色して参りました。

　ということで、今晩はたまたまホテルのフロントで捕まえた（こらこら表現に気をつけろ！！）会員様と連れだって、以前に出かけたことのある

レストラン街まで歩いて参りましょう。

　ホテルから海岸線まで出て、この時は工事中で騒々しかったのですが、旧港を左の方向に向かいます。その港の周りの道が右に曲がります。ここをまっすぐ路地みたいな感じの所に入り込みまして、２本目位の通りを左折。大体こんな感じの道筋を行きますと、レストランがひしめき合っている場所に到着です。リヴ・ヌーヴ通りとサント通りの真ん中あたりにあるサン＝サエンヌ通りです。この通りには左右にレストランがひしめき合っていますよ。

　ここで、レストラン選びのヒントです。
【鉄則第一】　まず、忙しい時間帯であってもお客様が入っていないで、ガラガラなお店は避けましょう。これはひじょ〜〜に大切なポイントです。心してかかってください。
【鉄則第二】　お客様がたくさんいても、油断してはいけません。単純に料理の出てくる時間が遅く、店内のお客様も手もち無沙汰にしているか、半分怒っている場合もあります。こんなお店に入ると、いかにお料理が美味しくてもがっかりです。ただし、興津選手の場合はワインが出ていれば、なんら文句はありません……。ワインさえも遅い場合は〜〜！！！！！
【鉄則第三】　適度に混んでいて、そこそこお料理にありつけているお客様がいたとします。この時はそのお客さんが喜んでいるか？　つまりお料理が美味しそうか？の見極めです。ここは、経験がものを言います。これ

は経験ですね〜〜。ここでホントはしてはいけないのですが、お店の中のお客さんの食事を「チラミ」してしまいましょう。あっ！！！あれ美味しそう！！と思ったら候補に入れておきます。あくまで候補です。

　この時点ではまだお店に突入してはいけません。このお店探しくらいのテンポになると、お店の人も声を掛けてくるかも知れませんが、ここは、言葉が分からないふりをして一回逃げましょう。（爆笑）だいたいこれで、店員さんは十中八九追いかけてきません。

　【鉄則第四】　その場所がレストラン街であれば、そのレストラン街を一周してすべてのお店を偵察しましょう。そうすると、上記鉄則に当たるお店がぼんやりと見えてきます。そして、候補のお店のピックアップが終わったら、再度巡り戻りましょう。

　そしてここからが本当に大切な部分ですが、マルセイユのレストラン街ですと、お店の前に「メニュー」なるフランス語でしか書いていない不親切な看板が大概出ています。ただ、算用数字は分かりますので、ここでお値段のチェック！！

　ここでやっと、お店の選択が完了です。いざ！！たのも〜〜〜（道場やぶりじゃないってば……）という感じで堂々と、お店に入りましょう。ふつう人数を聞かれますので、イエ！聞かれなくても、指で人数を示せば、あそこに座れ！！と言われますので、特に問題なければそこにおとなしく座りましょう。ここからは、経験と勘にだけ頼って。（興津選手の場合はお

およそ勘のみの感性ですが…)
　えいや！！
　という掛け声とともに、ご注文でございます。その不親切な、訳の分かんないフランス語のメニューと格闘したあとは、天国の時間が訪れます。
　そうです！！！！　ワイン……スパークリングワイン……！！　しかもよ〜〜〜く冷えたロゼスパークリング。
　お値段の安いやつで十分です。赤ワインを注文されるならいざ知らず、ロゼですからだいたいどれを飲んでも、この地域のワインなら安くて美味しいです。ワインにこだわりがございましたら、ワインリストでも貰って、ゆーっくり吟味されてください。これはこれで楽しいのですが、スパークリングであればハウスワインと違ってちゃんとフルボトルで出てきますので、安心してラベルを確かめながら、ほぼ美味しくいただけます。

　天国です。
　想像してください。
　夏の夕刻。南フランス。マルセイユ。日中の暑さを忘れながら、なんとなく火照った身体を冷えたロゼスパークリングがのどを潤し一日の疲れを癒してくれます。
　想像してください。

　天国です。

その19　おいしいレストランの選び方（これホンキに重要！！）

　さて、今回は以前にこの鉄則四カ条を踏まえた上に、一度楽しんだ事のあるレストランに突入。会員様と確か4人だったと……。ここもブイヤベースがそこそこ美味しいところでしたので、これを所望。

3種類位のブイヤベース（**写真**）があります。みんなでてんでに注文。
　お店の方も、「なんだよ〜〜別々に注文しないでよ〜〜。めんどうだから一緒にしてよ〜〜」的な表情はありません。これは、フランス人の気質でしょうね。なにせフランス人は、（おおよそですが）個人を大切にしますので、レストランでこういう問題にあたったためしは、一度も無いですね。つまり、てんでに、我が儘に、好き勝手に食べたい物のみを注文して、もし間違えて持ってきたら即座に反応して作り直してもらいます。またレストランも心得ていまして、間違いですよ！！ということになれば、四の五の言わずに、とっとと下げていきます。これも文化だと思います。

　まあ、興津選手はもともと何を注文していたのか分かんないので、かまわず、出されたものを黙々とたいらげますが……。（これでいいのだ！！）
　当然、皆様でワインを美味しくいただきながら、魚のごった煮「アラ煮」！！　いえいえ「ブイヤベース」を美味しくいただきました。日本人

はどうしても魚も食べますよね！！　ブイヤベースの基本はスープです。とかおすましていないで、ここは食べちゃえ。食べたら分かりますよ。このスープにバケットをたっぷりと浸してお口に運んでください。

　想像してください。……おいしいよ〜〜。

　基本的なブイヤベースであれば、スープだけにしときゃ良かったと思うかも知れませんし、「いやいや、この魚もアナドレナイゾ。なんて言う魚じゃ？？」なんていうのも、旅のだいご味でございま〜〜す。

> その20
> ## マルセイユのオプショナルツアーは「カシ」で決まり！

　マルセイユの夜も更けてまいります。楽しかったリュベロンの視察も終わりまして、このツアー最大のミッションの終了でございます。旧港の左側の奥まった所にあるレストラン街で、夕食を会員様とともにいたしまして、ホテルへご帰還でございます。

　ほろ酔い加減で〜〜す。（当然のロゼワイン……よく冷えたロゼワイン）夕方から夜に至る時間帯のこの空気感もたまらなくいいですね〜〜〜。マル

その20　マルセイユのオプショナルツアーは「カシ」で決まり！

セイユ港の水面に浮かぶ漁船やら、クルーザーやら、観光船を眺めながら水面に映る光を記憶にとどめつつ、涼やかな風を頬に受けながら、ホテルに戻ります。そうなんですよね、カンヌとかニース、モナコとかの港には大型のクルーザーがこれでもか！と舫（もや）っていますけれど、マルセイユの港に舫っている船の中に漁船がまざるんです。これが他の港と異なるところですね……。

　神戸とか横浜のヨットハーバーに停泊している船の中に、小さな漁船が入っているという感じです。それでも、なんとなくこの漁船も似合うんです。存在感のある漁船たちです。日本の漁船とはちょっと感じが違っていて、なんとなく「丸っこくてずんぐりむっくり」な感じがするんですよね〜〜。

　以前にニースに泊まりカンヌとモナコに行ったことがあるのですが、ニースから見てそれぞれ反対方向ですが、ここには世界中のお金持ちのクルーザーが停泊しています。これはこれをみるだけでも壮観でございます。地

カンヌのマリーナに停泊する豪華クルーザー。ヘリコプターも乗っています

117

中海の、太陽を一杯に浴びた水面に浮かぶ、豪華クルーザー。乗ってみたいですね～～。どうやればあんな船を買えるんだろう……。日本では宝くじが当たったって、ああはいかないと思うんです。なにか悪さをしないとあんなクルーザーには乗れないんだと思いますよ～～。本気で。

（あっ！！イエイエ。日本で豪華クルーザーを所有されている方々が悪さをしている！！と申しあげている訳ではございません……）

ともかく、舫っている船の隣に、また船。そしてまた船。という感じで、いかにも「キョウツケー」して整列している船たちです。（笑えます）

ホテルに戻りまして、明日のために休むことにいたしました……。お休みなさい。（ちょっと待てよ…。マルセイユ３泊、パリ３泊の旅行行程で、まだ２泊目です……。相当な遅筆ですね。スミマセン）

さて、マルセイユ３日目です。本日はみなさん三々五々の自由時間。会員様も色々とお手配されていまして、エクサンプロヴァンスにお出かけの方。「カシ」へのツアーをお申し込みの方。グラースにお出かけの方。いや～～、日本女性は強い。行動力抜群。放っておいても、たくましく生きていけますよ、この方々は。本当に。（これはほめ言葉ですよ……）

正直に申しあげまして、ツアーコンダクターの橋本さんと、ホテルのレセプションで待機しておりまして、会員様からたくさんの相談を受けるか

その20　マルセイユのオプショナルツアーは「カシ」で決まり！

な〜〜〜？と思っていたんですが、実にさっぱりとしたもので、多少ご相談はあったものの、相談で忙しい！！という事は一切ありません。みなさん、手に手に資料を持ちつつ、勝手に……いえ……思い思いに飛び出して行きます。それも、2人づれとか、数人でとか、と思っていましたが、おひとりでもどんどん出かけていかれます。確か南フランスは初めてなんだけど……とおっしゃっていた方々もどんどんです。

　いや〜〜も〜〜立派なもんです。

　そういえば最近では日本の若い学生さんでも、海外留学は減っちゃっていますので、この日本女性の方々の行動力を少しは見習え！！

　オプションでご準備させていただきました、「カシ」行きのツアーの方々もお出かけです。橋本さんもお車の人になってお出かけでした。

　以前に来た時に、このカシで海水浴をしてきた興津選手です。その時は当社スタッフと3人で出かけたのですが、興津選手がいなければ多分無事に帰りつくことはできなかったのではないか？と思う程です。

　この「カシ」に出かけられた方々は、大正解！！！だったご模様で、ものすごく楽しかったそうです。この事で、後日興津選手は怒られる事になるのです……。

　曰く、「そんなに良い場所で楽しい所なら、なぜに事前に教えてくれなかったんですか！！」いえいえ！！！お伝えしています。確かに、伝わらなければお伝えしていないのと同じことなんですが、当方のインフォメーションが無ければ、このオプショナルツアーにお出かけの方々は一人もい

ないはずですし……。

　お伝えしましたよ〜〜〜〜。
　再度お伝えしますが、マルセイユで自由時間が1日取れましたら、「カシ」へのツアーを強くお勧めします。(海岸ですので、冬は避けてくださいね)ぜひ行ってきてください。「カシ」です。是非ゼヒお出かけください。
　オプショナルツアーもありますし、夏場なら公共の直通バスも出ています。(1日に2本程度ですが)そりゃ〜〜もう！素晴らしいリアス式の海岸で白い岩が切り立っていて、観光船も出ているし……。食事も美味しいし、確かカジノもあったよ〜〜。時間がありましたらぜひぜひお出かけください〜〜。(これだけ宣伝すれば、次回には怒られないよね？)

　「カシ」の情報〜〜〜！！
　以前、会社のスタッフ2人と計3人で連れだって出かけたことがございます。これも東京から出かける3日前にたまたま偶然インターネットの情報ページで見かけたことが事の発端でした。海水浴場があるらしい。とてもきれいなところであるらしい。というかすかな情報を得ることができました。
　この情報をもとに、当社の参加スタッフに「カシ」への行き方を調べておくように……。と厳命したのですが、時間がなくどうにも調べることができなかった。というところからの出発でございました。そんな中途半端

その20　マルセイユのオプショナルツアーは「カシ」で決まり！

な情報を元にしたのでしたが、丸1日の余裕時間のある日程であったのでどうしても行ってみたくなりました。

　その前日の夕方にマルセイユの観光インフォメーションに入りまして、「カシ」への行き方を聞いたら、「バスが出てるよ。でも本数が少ないから気をつけな」っていう感じでチラシをくれました。

　マルセイユの港にあるVIEUX PORT駅からLAFOURRAGERE方面にいくと2つ目。CASTELLANEという駅がありまして、外に出るとフランスによくあるロータリーの道があります。今来た地下鉄の進行方向にそのロータリーを背中にして歩いていくと、そのバス停はあります。夕食までは少し時間があるから、バス停を確認しに行こう！！となりまして、スタッフともども3人でトコトコ行ってみました。

カシへ出るバス停付近。バス停の表示がない……

　そ〜〜したら、全然わかんないんです。日本風のバス停を想像してはいけません。道しかありません。確かに広い道でしたのでバスは停まれると思うんですが、バスの案内所もな〜〜んにもありません。スタッフに調べるように……。と申し伝えてありましたんで、このスタッフ2人は「おか

しいな〜〜」なんて言いながら町の地図とかを穴が開くほど見ています。
　まあこれも経験さね。という高みの見物を決め込んでいて「まだわかんないの〜〜？」なんてチャチャを入れながら2人のスタッフさんを眺めていました。そんな状態ですので、30分もたとうとしているのですが、全然埒があきません。やむなく興津選手の登場でございます。道端に簡易なお店を出しているお花屋さんがありまして、そこになんとなく気のよさそうな男性店員さんを発見。
　そくざに、バス停を尋ねたら、ここだよ！！ってな説明。（フランス語なので、宇宙語に聞こえますが……）でもバス停じゃないよね？って聞いたら、「シーズンバスなのでこの時期しか走っていないバスだよ。だからバス停はつくらないのさ」っていう非常にフランスらしい合理的なお返事でした。（今度はカタコトの英語でした）
　一応確認が済んだのでその日は撤収しまして、地元の方々が利用する薬局などに立ち寄ってハーブ製品などを物色して戻りました。実はハーブ系の商品は漢方薬的な扱いをされているのか、薬局で販売されている物もあります。パリには専門のハーブ薬局があったりします。

　あっいけね……。カシの話の続きでございます。
　翌日、あの花屋さんに聞いた場所にいきますと案の定バスはいません。どんどん時間がせまってきます。やっぱりね……。なんて言いながら辺りを気にしていますと、指定された場所より80メートル位離れた場所に、

その20　マルセイユのオプショナルツアーは「カシ」で決まり！

カシの港町

　路線バスではないけど大きなバスが停まっています。あれじゃないか？と近づきましたら行先の表示が「カシ」となっています。
　め〜〜っけ。とばかりに乗り込んでいざ「カシ」への出立でござる。大きな観光バスを流用しているんでしょう。具合の良いバスでした。サッカー場らしい大きな建物の脇を走り抜け、バスは順調に走って行きます。途中2〜3カ所で停まりつつ、海岸に向かいます。結構な人数でして、ほぼ満席になっています。
　1時間位走っていくと、だんだんと海岸線が見えてきます。や〜〜っぱり綺麗。リアス式の海岸線が道路から見え隠れしています。いきなり住宅

街みたいなところで降ろされました。到着で〜す。バス運転手さんに、帰りのバス停はどこ？？と確認をしておいて、ぞろぞろと海岸に向かって歩き始めました。みなさん目的地は一緒ですから、ぞろぞろついていけば良いんです。ありんこの行列みたいな感じで……。

　途中に海水浴グッズを売っているお店がありました。よく日本の海岸でも売ってますよね。ビーチボールとか浮き輪を膨らませて……。ほとんどおんなじ環境です。なんとそこで日本式の「ゴザ」を購入。藺草(いぐさ)のゴザでございます。海水浴の時はこれが一番！！　砂もつかないし、ビニールシートだと体にまとわりつくし……。ゴザが一番でございます。

　さらにその上、水中メガネに足ひれまで買っちゃった。まあ一日使えればよいんで、安いやつを……。たぶん中国製なんだろうけど、安かったですよ。(オイオイ)興津選手は実はスキューバーダイビングのライセンスを持っているので、どうしてもほしくて買っちゃいました。

　さて、ゴザに水中メガネ。そして「足ひれ」を手にしながら、手荷物抱えて海岸線に到着。たくさんの人で海岸線は溢れています。海水浴をする場所。ヨットなどを係留する場所。漁港。となんとなくすみ分けられているんですが、港のたもとの所から観光船が出ています。時間とコースによって値段が違うのですがせっかくだから、時間もあるので、周遊時間が一番長いやつに乗り込みました。みなさんぜひぜひこの観光ボートには乗ってください。これでないと行けないところもあるので、ぜひぜひ……。

その20　マルセイユのオプショナルツアーは「カシ」で決まり！

ボートから見るカシの断崖絶壁

　ボートに乗り込み船に揺られていくと、小さい入り江に入って行きます。崖が切り立っているんですけど、海水浴の人が沢山岩場に張り付いています。子供さんもいるんですね。どうやらその崖の上に道路があって、そこから降りてくるみたいなのですが、ホントにどうやっておりてきたのか

な？と思わざるを得ません。場所によっては日本風の岩場の釣り客みたいに、渡船でもあるんじゃないか？とも思います。

　入り江に太陽の光が入り込み、その光が水中に引き込まれて行きます。キラキラと水面を通り抜けて、水底を照らしています。本気で綺麗です。切り立った崖は白い岩礁で、このコントラストは最高です。水遊びしている子供たち。泳いでいる人。カヤックに沢山の人々が乗り込んで、地中海を堪能しています。

　本当にいい場所でした。さて、1時間位の船旅体験を経て海岸に向かいます。

　海水浴の海岸につきました。うわ！！混んでる！場所がな〜〜い。ものすごい事になっています。野生の王国に出てくるアシカとか、トドの大群のいる海岸が出てきますよね。……。あんな感じ……。海岸にたくさんの人が寝転んでいます。いわゆる甲羅干し……。

　本気で場所がないので、少し離れた岩場のところにコンクリートの突出しがあったので、そこにゴザを敷いて場所取り完了。そこで、タオルを腰に巻いて海水パンツに着替えて、準備完了。海水パンツは日本より持参でございます。

　さっそく暑いので、地中海に飛び込んでみました。うへっ！！冷めたい！！というのが正直な感想でございます。そうなんですよね、地球儀で

みれば、日本の北海道の緯度より上みたいな場所ですから、気温は高くても海水は冷たいので気を付けてくださいませ。そういえば、先ほどの小石の海岸にはたくさんの「トド？」人間の大群がいるのですが、海に入っている人はすくないな〜〜と思っていたんですが、これだけ水温が低いと、長時間の海水浴は「無理」です。

　さらに、水中メガネと足ひれをせっかく買ったんだからと装着して入水したら、海底も岩がごろごろしているだけ。しかも魚も見当たりません。水深の浅いところなので致し方ありませんが、日本の海とはまるっきり異なる様相です。ここでは、ダイビングをするのはつまらないですね。日本なら海草もあり、そこの隙間から小魚が出てきて、イソギンチャクにクマノミ（あのファイテイング・ニモです）がいたり、サザエとか貝も見えたりしますが、まるっきりありません……。見えるのはごろごろした岩しかありません。がっかりです。しかも水はつめてー……。

　さっさと丘に上がり、甲羅干しです。

　時間がたちまして、お昼ご飯。またまた先ほどの道具を買ったお店で買い出し！！　当然ワインとサンドイッチを買ってきて海岸で、もそもそ食べました。レストランはたくさんあるんですが、どこも混んでいて……。これでいいや……。でもおいしかったですよ。

　海も冷たいし、水中メガネで覗き込んでもつまらないし、甲羅干しも飽きたので当社のスタッフと２人で連れ立って海岸線の街並みを散策するこ

とにしました。海水パンツで上着なし……。ビーチサンダルをひっかけて。(むろんこれも日本からの持参品)

　結構奥が深いんです、この街。かわいらしい海岸線の家並みもあって、いわゆる南フランスの田舎町の海岸線なんです。街並みを歩いていたら、こちらのお巡りさんに「上着を着ろ！」と注意を受けてしまいました。(そりゃそーーだ)海岸線のお土産屋さん程度に行くつもりが、いつのまにか住宅のなかまで入り込んでしまっていましたから……。でも素敵な場所でした。

　帰りのバスが、40分遅れたのはご愛嬌。でも来なかったらやばかった……。バス停は確認してあったので、大丈夫とは思っていましたが、帰りのバスは2本しかありませんでしたから、たいそう心配しました。よりによって、2本目のバスの時間少し前に1本目のバスが到着。そして、すぐさま2本目のバスも到着。バス停に居合わせた各国からの観光客はするすると全員バスに納まって帰って行きました。おかげ様で座れたので、クーラーの効いた快適空間。爆睡のオマケつき。

その21
観光地の名物乗り物「プチトラン」

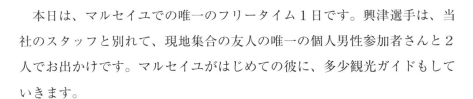

　本日は、マルセイユでの唯一のフリータイム１日です。興津選手は、当社のスタッフと別れて、現地集合の友人の唯一の個人男性参加者さんと２人でお出かけです。マルセイユがはじめての彼に、多少観光ガイドもしていきます。

　まずは、プチトランが２つのコースで走っています。このプチトランに挑戦です。旧港の所から出ています。まずこのプチトランをご存じない方もいらっしゃるとおもいますので、簡単に説明いたしますね……。

　町中を走りぬけていく連結車両です。そうそう！！空港を眺めていると、航空貨物をコンテナで運んでいく連結車両がありますよね。まずこれを想像してください。このコンテナの部分に人間が乗れるように改造してあります。当然！！窓はありませんし、単純に座るだけ。つまり荷台に座席を設けて、天井を着けただけ。という代物でございます。

　そして、その連結車両を引っ張っていくのは大概汽車を形どっていて、色は白。煙突がついていまして、汽車っぽくなっていますが、ガソリン車

です。機関車トーマスを思い出してみてください。あんな感じです。パリにもありますし、ニースにもあります。(**写真**)フランスの観光地では、わりとポピュラーな乗り物です。

これがすごい！！ このエンジンの付いた汽車っぽい車両には横一列4人乗りで5列位ありますので、1車両に20人。この人間様の乗る車両を3～4台くらい引っ張っていきます。つまり60人～80人位を乗せて一気に町中を引きずりまわします。当然一般道を走ります。でもこれって日本の観光地にあってもいいんじゃないかなと思います。

フランスのプチトランはだいたいどこでも一周30～40分ですので、見つけたら乗ってみましょう！！ きっと満足されることでしょう。

パリ・マルセイユ・ニース・エクサンプロヴァンス。あと何だったっけ、シャンパーニュ地方に出かけた時、大変大きな「ノートルダム寺院」があった町にもありました。見かけたら乗ってみましょう……！！

あ！思い出した「ランス」です！

その21 観光地の名物乗り物「プチトラン」

　興津選手は、見つけると即座に乗ります。町中をざっくり見て回るには、お安いし、お手軽。しかも、そんなに高くないです。1回600〜1000円程度で、町中を「ふうふう言いながら」歩き回らなくても良いのでこれはお勧めです。しかも、こんな乗り物に乗っていると、まるで遊園地にいるみたいな不思議な感覚を覚えると思いますよ〜〜〜〜。町中の人も慣れていて、渋滞の町中を走りまわっていても誰も文句言いません。やはりフランスは観光立国でもあります。

　ということで、プチトランの乗り場を探します。やっとの思いでマルセイユの乗り場を発見。チケットを購入して、乗り込みます。

　余談ですが、世界中の国で一番観光客を集めているのがフランスです。これは外貨を直接稼ぐには最高なんですね〜〜。だって1万人が1日1万円使えば、1億円の経済効果ですから……。しかも観光資源は、建物だったり、自然だったり、美術館鑑賞だったり、オペラなどの観劇だったりしますので目減りは全くしない。我々がプロヴァンスにいっても、教会に行っても、教会を持って帰ってくるわけじゃありません……。（当然です）そして何度も行きますからね〜〜〜。

　以前と異なりまして、この時は港の改装中でございました。以前に乗り込んだところは工事のため、工事中の囲いがしてあります。前日のガイドさんのお話だと、旧港を見渡して左の方に乗り場が移転していますのでご注意くださいと言われていました。当然！！丘から港を見て左だと思い込

みますよね。当然！！思い込みですが、これが間違いでした。行っても行ってもそれらしい乗り場はありませんし、チケット売り場なんて無いんです。しかも港ぞいにどんどんと進んでしまって船の姿も減ってきましたし、道幅もどんどん狭くなります。絶対におかしい！！という所まで行ってしまいました。

確かにこの方向には、「イフ島」という別名「監獄島」**（口絵７頁写真）**という、マルセイユの港に浮かぶ島まで行く船の乗り場があります。（興津選手は行った事はありません）そのチケット売り場。乗り場はマルセイユの旧港の一番奥にあります。この方向なんです。その先は左に折れて、どんどんと道が進んでいきます。

へんだな？？乗り場がないぞ。と思いつつ、致し方ないので、反対方向に行こう！！と足を向けた瞬間！！そのプチトランが目の前を元気よく走っていきます。よくよくみると、その最後尾の座席には当社のスタッフとお客様が仲良く乗り込み、われわれを発見するやいなや、にこやかに手を振って行きます。プチトランの騒音にかき消されつつあったのですが「乗り場はどこ？」「あっちで〜〜す」的な会話が成立し、どうやら乗り場は、港に入ってくる船からみての左側らしいという重大事実が判明し、港の奥の元の所まで戻りつつ、さらにそこを越えて山を背中に左に回り込んで行きました。やっと乗り場の発見でございました。

さて、４人掛けの席が５列位あったかと思うのですが、その箱を４台連

その21　観光地の名物乗り物「プチトラン」

ねてプチトランは町中を「わがもの顔」で走り抜けていきます。そういえば、「イフ島」という有名な監獄島行きの乗り合い船（言い方は他にないのか！！　乗り合い船でいいのか？）は地中海に向かって右側にありますけどね……。

　さてさてマルセイユ観光の目玉はやはり、丘の上にそびえ立つ「ノートルダム・ド・ラ・ギャラルド・バジリカ大聖堂」ここはマストでしょう。ここまで行くのは、まずは足で登る！！！（これは大変！！片道30分以上は覚悟してください）興津選手の感覚ですと、東京では高尾山。神戸では新神戸の布引ハーブ園まで登る感覚。正直お断りです。だって夏だし！！暑いし！！！疲れちゃう！！！！途中急坂はあるし！！！！！でも寂しい市街地も抜けていかなきゃならいし〜〜〜〜。（ハイハイ、言い訳は聞きあきたよ〜〜）

　また、公共のバスも出ているみたいです。（あくまで、み・た・い。乗った事はありません〜〜）ということで、最大のお勧めはこのプチトランです。マルセイユの太陽の中を地中海から吹き上げている心地よい風を顔に受けながら、イギリス人やらドイツ人、はたまたアメリカ人など、多種多様の人種と共に１つの貨物車に引かれて山の上までのお散歩。まあこれも旅の醍醐味でしょう。

その 22

おじさんの二人づれ、エクサンプロヴァンスへ（似合わね～）

　南フランスの海岸の空気をホホに感じながら、山の上の教会へと向かいます。正直申し上げまして、結構な坂道を登って行きます。このプチトランは途中で停まることはありませんので、そのまま乗車していればいいので楽ちんですよ。

　走っていくと途中にも教会がありまして、この日も結婚式をあげていたんです。結婚式を見かけたのはいままでに2度目でした。ウェディングドレスを身にまといまして（ウェディングドレスが主役ですね……〈笑〉）、最高のこぼれんばかりの笑顔の新婦さん。（**写真**）（綺麗です……新婦さんも……）ただただみているだけ

でも、こちらも嬉しくなりますね。

いや〜〜良いもんです。（他人様のお嫁さんは特に綺麗に見えます。なぜでしょう）

でもね〜〜。日本だと「お色直し」とか言って和装だったり、ドレスだったり……。いろんな様相を楽しめるんでしょうけど、西洋では、ウェディングドレスオンリーですよね。（日本の勝ち〜〜〜！！〈笑〉）

ともあれ、山を登っていきますと、そんな微笑ましい姿を左目に、右目には地中海がどんどん広がっていきます。ノートルダム教会って、あちこちにありません？　どうやらこれは、ノートルダムとは「我らが貴婦人」つまり聖母マリア様の事を指し示すみたいでして、パリにもありますよね。パリが一番有名かもしれませんが……。

このマルセイユの山の上にあるバジリカ教会は、1853年9月11日定礎。1864年6月5日献堂で海の安全運航を祈念していると伺いました。つまり日本で言えば香川県の金毘羅様でしょうか。確かに、目の前には地中海が一望できますし、長い航海を終えてもうすぐマルセイユにつくぞ！っていう船から見たら、船乗り達はこの教会を見つけると大変うれしく思うだろうと思います。やっと着いた〜〜という安ど感が広がることと思いますよ。

地中海の広さを感じつつ、監獄島と言われるイフ島を見ながら、写真も

撮ってバジリカ教会を後にしました。

　まだ午前中です。男２人で特に目的もなく歩きまわりましたが、興津選手の発案で急遽「エクサンプロヴァンス」(エクス)に行くことにしました。今回参加いただいている会員様も何人かお出かけだったと思います。電車もあるのですが、のんびりとバスで行く事にしました。

　マルセイユの駅の裏側に長距離のバス乗り場があります。そこからバスは出ます。エクスまでですと、わりと頻繁に何本もバスは出ています。チケット売り場に行って、チケットを買おうと思って並んでから申し込みましたら「バスの運転手さんから直接買ってくださいな」という事でございます。

　バスがたくさん停まっています。表示を見ると「エクサンプロヴァンス」と書いてあるバスが２台停まっています。でもね〜〜。運ちゃん（失礼。運転手さん）がいないんです。運ちゃんの制服があるわけではないので、誰が運ちゃんなのかわからんのです。

　タイムテーブルを穴の開くほどみていましてもあと残り５分で出発だ！！というところになってやっと運転席に乗り込んだ人。そう、運ちゃんがきました。それゆけ〜〜！！ってな感じで、急ぎ乗り込みます。

　最終的に申し上げますと、チケットを買ったのはわれわれ２人きりでした。席はほとんど満席に近いのですが、他の方々は、ほぼ「定期」の方々ばかりでした。エクスには大学があると聞いたことがありますので、その

その22　おじさんの二人づれ、エクサンプロヴァンスへ（似合わね〜）

学生さんが大挙して乗り込んでいます。ほぼ大学の専用バスみたいなもんでした。

　のんびりとフランスの田舎町を車窓に眺めながら、1時間程度の旅だったと思います。

　着きました！！！「エクサンプロヴァンス」です。
　でもね〜〜〜。バス停からみると、何やら大学みたいな建物はあるのですが、決して「町中」という場所ではありません。しかもまさしく「駅前」ではございません。
　全然わかんないんです。どっちに行けば町中なのか？　人もいません。誰かに聞こうにも、人がいないんです。まあ、昼間ですからそんなに問題はないんですが、それにしてもよくもまあこんな所で降ろすバスもバスだよね〜〜〜。
　ここは、旅慣れた男2人ですから、なんとなく方向も定めず感覚のみを頼りに「あっち！！」と動物的な感覚で方向を決め歩き出します。なんとかなるもんですね〜〜。だんだんと人通りが増えてきます。遠目から見ても、多分あっちだ！！という感覚になります。
　見えてきました、町中です。夏のバカンスの最中のみ出ているんだろうと思いますが、移動式の遊園地もあります。ゴムバンドで腰を留められた子供がトランポリンに乗っていたり、ミニチュア機関車に乗り込んでいたり。移動遊園地があるという事は、正真正銘の町です。

ここでの問題は、食事！！　たどり着いたらお昼時間を過ぎています。町中の散策は、急遽レストラン探しに変わりました。
　正直な感想を申し上げれば、この町は軽井沢の夏のにぎわいが面として2倍位になっているのかな？と思うくらいの広さです。エクスと軽井沢を比較するのもどうか？と思うのですが、両方とも避暑地ということでくくれば「いっしょ……」一緒ですよ……。多くの観光客が集まってきています。フランス人の観光客も多いのかな？と思いました。細かく聞いていると、フランス語が多かったなという記憶です……。

　でもね、ここでの最初で最重要なミッションは、「旨い物を食わしてくれるレストランはどこだ！！」ということです。町中は夏のバカンスでお祭り騒ぎなので出店もありますし、サンドイッチとか、ハンバーガー屋さんまでありますので簡単に済ませようと思えば非常〜〜に簡単に済ます事もできるのです。でも、ここはやっぱり「ちゃんと食べたい」「できれば美味しいレストランで」と思うのが人情でしょ？？？
　ここは探しまくりました。だいたいこういう町での美味しいレストランはメイン通りにありますよね。でも大体お値段も高いというのが通り相場です。ですので、裏道に入りましょう。でも、このエクスでは裏道・細道でも人がわりと通っています。いい感じの通り発見。だいたいこんな通りに、日本から出かけて来た男の2人連れを喜ばせてくれるワインと食事はあるに違いありません……。連れの男性は「赤ワイン」通なので、ワイン

その22 おじさんの二人づれ、エクサンプロヴァンスへ（似合わね〜）

の匂いを探し廻った探検でした。

　あるんだな〜〜〜。あるところにはある！！（断言）それらしい、期待を持たせてくれるレストラン。表には、レストランを表現した昔ながらの看板（日本の看板を想像してはいけません）ナイフとかフォークとかをあしらった飾り看板です。

　小さな店ですがメニューをみてもそんなに高くありません。それなりに混んでいますし、路面のテーブルもあるのですが、我々は暑いな！と思っていましたので店内の席へとお願いして入店です。

　エクスに再度行ったとしても、迷いながら行きましたから、２度と行けないと思う店ですが……。ミラボー通りに入っていった方向です。大当たり！！！！

　記念写真も撮ってきました…。美味しかったですよ〜〜。ニース風サラダ……。（**写真**）（なんでここでニース風サラダなんだろう？？？？）　美味しかったですよ〜〜。最初の１口目の冷えたビール。（ここはワインでしょ〜〜？？）

おまけ
フォトギャラリー

アルル：闘牛場の内部（上）、衣装祭りの舞台裏（下）

おまけ
フォトギャラリー

パリ：ルーブル美術館（上）
ルーブルの至宝「サモトラケのニケ」（下）

その23
エクサンプロヴァンス（南仏の軽井沢？）

　エクスです。一度来てみたかったんですよね〜〜。いつもマルセイユとかアヴィニオンばかりですので、ともかく「行った！！　来た！！」という実績を作りたかっただけなんですけどね〜〜〜。（笑）
　ただ、「行った事が無い！！」というより「行った事がある！！」これは重要ですよ……。（激しく納得）

　わりと大きな町並みです。町中の中心に噴水があって、その周りをロータリーにしてあって、車がぐるぐると走り回っています。そうです！！左側通行ではありませんから、うっかり右だけを確認して車道に出てはいけません！！　車にぶつかるよ？？？！！！
　興津選手が初めてパリに出かけた時は、シャンゼリゼ通りの凱旋門に入るのには車道を突っ切って渡ったんですよ〜〜〜。（さすがに今は地下道があります）これ知っている方いらっしゃいますか？　あの広々としたロータリーで右を見て、車がとぎれたら歩き出すんです。

その23 エクサンプロヴァンス（南仏の軽井沢？）

当時のガイドさんは、「決して走ってはいけません！！ こちらの運転手は、歩行者の歩くスピードを計算にいれて走ってくるので、堂々と歩いてください。小走りもだめです！！」今では考えられませんけど……。本気で危ないよ……。

エクサンプロヴァンスの街の風景

　でも思うんですが、フランス人は車の運転が上手な人が多いかな？？と思います。多分車道の整備ができていないから、運転に注意が必要→注意して運転する→しかし町中で、戸惑いながら運転していると容赦なくクラクションが鳴ってくる→しかたなく飛ばす→運転が上手になる。

　こんな感じでしょうかね〜〜。だって未だに18世紀の時代の石畳の道路があったりするんですから、あの街は。タクシーさんに乗ったりしても、音はうるさいし車の乗り心地は悪いし……。石畳の道は、てんで現代的ではない代物でっせ。でもそれが、ヨーロッパなんでしょうけど……。

　ダソク情報。フランスの田舎町には、このように町中に噴水があったりします。大体交通の要衝の場所にあり、丸くなっていて今では道路のロー

タリーの真ん中だったりします。噴水なのですが、昔の移動手段は馬車でしたよね？　その馬車の馬の飲用水のために作った！！！って、知ってました？

　以前アヴィニオンからリュベロンに視察に行った時のガイドさんが言っていました。馬さんも、重い馬車を引かされているんですから喉もかわきますよね〜〜。

　それでも不思議なことがありまして、それを何故に噴水にするのか？しかも飾り彫刻などもあったりして、そんなに豪華に作らなくてもよろしいんじゃございません？　馬用ですよ〜〜。でもね〜〜。これが今になると良いんです。風情がありますね〜〜。現代人を喜ばせてくれています。アヴィニオンからリュベロンまでの街道筋の小さな村々に1つずつ必ずあるんです。見物も楽しかったです。村、村で全部違うし、その村の思いが詰まっている感じです。

　さすがにパリの町中ではあまり見かけませんけど〜〜。フランスの田舎町は「あなどれません……」。

　エクスに来たのは特に目的を持ってきたわけでもありませんし、ガイド本さえありません。ただ単純に「行ってみよ〜〜」、これだけですから（計画性まるでなし…日本語で行き当たりばったり……）これも旅ですよ。

　食事をして、ご満悦！！　あとは町中を散策していると、結構な時間に

その23　エクサンプロヴァンス（南仏の軽井沢？）

なりましたので、帰りは電車で帰りました。エクサンプロヴァンスからですと、マルセイユまでは電車で30分くらいかな？　ホントにあっという間に帰りつきました。

　実は、その後にまた「エクサンプロヴァンス」まで出かけてきました。この時も行きはバス。帰りは電車でした。その時の発見ですが、町の中心部にかなり大きな噴水がありロータリーになっています。(**写真**)このロータリーを一周してみてください。ここにも「プチトラン」の乗り場があり

ます。1時間かけて町中をくまなく走ってくれます。さらにすばらしいことに、日本語のガイドも付いています。エクスの歴史・文化・街並みを一時間で鑑賞できました。これは良いです。絶対のおすすめ。

　これでくまなく町を見学させてもらえて、町の輪郭を覚えてからですと、町歩きも楽しくなります。この時に行った当社のスタッフさんは、エクレアを食べたい！！という目標がありまして、町中の大通りに面したお菓子屋さんで念願のエクレアを食しておりました。ついでに店内に戻って写真を撮ったり……。まさしく正々堂々とした日本人の観光客や……！！

　さて、電車で帰りました。マルセイユの駅は高台にあるので、そこから階段を下りてマルセイユのマルシェを見物。衛生管理！！？？？ってなに？？？という感じですよ、ともかく活気のある市場です。

　独特の野菜、スイカ、果物、その隣のお店では、お肉がぶら下がっている。その隣には、砕いた氷を敷き詰めた上に漫然と置かれた魚。そしてその隣のお店は、雑貨屋さんがあったりソフトクリームを売っていたり通路に当たり前のように出してあるテーブルやらカフェやら。雑然としていますが、たくさんの現地の人々の買い物姿。まさしく生活を垣間見られます。雑多で、面白い市場です。ここでもカフェに立ち寄り、まずはビール！！

　だって！！！暑かったんだもん〜〜〜。

その24

おいしいブイヤベース食べたぁ～い！

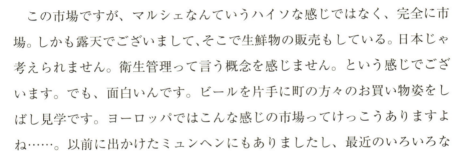

　この市場ですが、マルシェなんていうハイソな感じではなく、完全に市場。しかも露天でございまして、そこで生鮮物の販売もしている。日本じゃ考えられません。衛生管理って言う概念を感じません。という感じでございます。でも、面白いんです。ビールを片手に町の方々のお買い物姿をしばし見学です。ヨーロッパではこんな感じの市場ってけっこうありますよね……。以前に出かけたミュンヘンにもありましたし、最近のいろいろな旅の情報番組でもよく見かけます。

　アヴィニオンでは、建物の中に色々なお店の入っている市場もあります。（**写真**）こういう所は見ているだけでも面白いで

アヴィニオンのホテルからの眺め

すよ。日本との値段対比として見ると、ある意味生活レベル・生活習慣も垣間見る事ができます。

　ニンジン……いきなりですが、西洋のニンジンはやせ細っていますよね……。でもあのニンジン、美味しいんです。特にジュースにすると本気で美味しい。濃厚で・甘いですよ。

　さて、しばらく休憩したのちにホテルに向かいます。(ほろ酔い気分で足も軽いです)

　さ〜〜て、本日のメインイベント！！！　そうです！！！夕食。これです。大事ですよ〜〜〜。さ〜〜て、せっかくですから美味しい物を食べたいですよね〜〜。マルセイユで美味しい物と言えば、やっぱり「ブイヤベース」。昨晩も食べましたが、なんとなく物足りなかったので、ここは添乗で来てくれている「ミスター橋本」さんにインタビューです。

　(興津)　　「橋本さ〜〜ん。何処か美味しいブイヤベース屋さん教えて〜〜〜。」

　(橋本)　　「そうですね〜〜。今までたくさんのお客様にお教えしまし

たが、このお店では文句を言った人はいません〜〜というお店ですが、どうですか？」（さすが橋本！！　フランスのプロです）
(興津)　「そこって遠いの？？」
(橋本)　「いいえ。でもタクシーで行かないと無理ですけど……そんなに遠くはありません」
ここは、一も二も無く、
(興津)　「そこ！！決定！！！　予約入れて！！」
(橋本)　「え！！！今からですか？？？　もう6時ですよ〜〜。人気店なんだから〜〜〜」
(興津)　「いいからその店予約入れて！！」
(橋本)　「無茶苦茶ですよ〜〜〜〜。」
というなかば強引なホホエマシイ会話がありまして、予約を入れてくれました。（なんと奇跡的に取れました）お客様を含めて5人で向かいます。タクシーも2台来てもらって、しゅっぱ〜〜つ！！

　結果ご報告！！！
　最高でした。今まで食べたブイヤベースは日本風に言うと「魚のアラ煮」ですが、ここは完璧に「スープのみのブイヤベース」でございました。（スープドポアソン）
　実はつい先日日本で放送されていた「ヨーロッパの街角」みたいなテレ

ビ情報番組でこのお店も取り上げられていました。なんだか錚々(そうそう)たる方々が過去にお出かけいただいている有名なお店さんでした。

　ホテルから、バジリカ教会の方向に向かい、山には登らず海岸線を伝っていきます。タクシーさんの実車時間で20分くらいでしょうか？　やおらに国道から左に折れて、坂道をどんどん降りていきます。お～～い大丈夫か？？？？と不安になっていると、ホントに小さな漁港に出ました。その港の上に目を向けると先ほどの国道は切り立った岩の上にかかるまるで高速道路のような橋になっています。その橋は下から見上げる角度であり、ライトアップされていて、雰囲気、ロケーションも最高です。

　漁港には何艘か漁船も舫ってあります。静かな波打ち際です。何軒か人家もあるんですが、レストラン一軒だけのこじんまりした漁村です。たらい舟で有名な佐渡の小木漁港よりも小さいくらいです。（知ってる人すくないだろ～～な～～）タクシーさんも行き止まりなので、ここで降りてくれ……という感じでタクシーさんから突き放されますが、ここは最高のロケーションです。

　お店の前はさらに細い道になり、またさらに先に行くと橋の下をくぐってマルセイユの港が見えて来ます。ホントに「入り江」という感じですね。

　興津選手はお店に入る前に1人で少し先にある、マルセイユ湾の際まで行って見てきました。波打ち際が磯場で、なんとも風情のある海の光景が広がっています。さらに、あの日差しを容赦なく落としていた太陽も地中海の中に吸い込まれていく瞬間でもありました。すばらしいサンセットで

その24　おいしいブイヤベース食べたあ〜い！

した。これだけでも来たかいがありますね〜〜〜と思ってしまいます。

　さて、同行の士は階段を登りお店のドアを叩いています。混んでいます。(ここは予約無しにはゼ〜ッタイ行ってはいけません) ただ、こちらは予約を入れてありますので、問題なく入れていただけました。
　ここからが問題です。飲み物、食べ物を注文しないといけません。注文しないと何にも出てきませんから〜〜。(あったりまえだ〜〜〜) 5人で、あれも食べたい、これも食べたい。と「のたうち」ながらやっとこさ注文完了！！！　ブイヤベースを2人前にしてあとは各種お好みで注文。
　飲み物は、自称ワイン通の人がいますので、「高くないやつ」と彼にリクエストしておけば大丈夫。まずはシャンパンでカンパ〜〜イ。白ワイン、ロゼワインと冷え冷えを楽しんで、最後は赤ワイン。いや〜〜〜〜飲むわ飲むわ。女子3人。男子2人で4本でっせ……。(飲みすぎだってば……) でもね〜〜〜。お料理最高！！　ほんとに美味しかったです。
　本当はやってはいけないんですが、お料理をシェアするのではなく、お皿ごと交換しあって、「こりゃうまい」「これ何の料理」……。やっちまいました。テーブルマナーまるで無視。やっちまいました。お店の中では、「おいおい」という視線を浴びましたが、お店の方は特に注意するわけでもなく、「しょうが〜〜ね〜〜な〜〜」「でも気持ちはわかるよ〜〜」的な好意的な眼差しで温かくホストしてくださっています。(ほんとか？？？)
　お酒も手伝って、楽しい夕食になりました。実は今晩ご一緒させていた

151

だいた男性1人は明日から別行動のため、最終の宴となりました。……日本人ここにあり…マネしないでくださいませ…スミマセン…。（笑）

その25
記憶に残る小さな港のレストラン

　このブイヤベースのお店さんですが、本気で有名なお店さんらしいです。
　日本に帰ってきてからの確認でもありますが……。さすがに「さすがに橋本さんです‼」。ここは良かった。店名を知りたい方は、フランスに出かけるときに橋本さんにお問い合わせください。というか、店名は忘れました…（爆笑）……。
　と書くと橋本さんに怒られそうなので、ネットで調べました。
　正直申しあげまして、本書で店名を記したのは初めてでございます。それだけ美味しかった……という証左とお考え合わせいただければと思います。ただしかし……某「トリッ○アド○イザー」のレストラン表示では、マルセイユのレストラン937軒中187位という位置になっています。
　ほんとかな？？？　このレスを書き込んでいる日本人は1人もいません

その25　記憶に残る小さな港のレストラン

……。つまり、お魚を主食とする人種では無い方々の記入だからこんな事になっているんじゃ〜〜ね〜〜か〜〜と思わざるを得ません……。（笑）だって僕らには、本気でおいしかったんだもん。

　今このお店（**写真**）のホームページも開けて見ていますが、コース料理が42ユーロと55ユーロになっています。これでも良いと思いますが、やはり、ブイヤベースを単品でもいいから注文いたしましょう……。これははずせませんぜ……。

店名：「Chez Fon Fon」

場所：140 rue du Vallon des Auffes 13007 Marseille

電話番号：+33 4 91 52 14 38

　本当に申し訳なかったのが……実はすぐお隣のテーブルで地元のカップルらしきお2人が仲むつまじくお食事をされていたのです。しかし、われわれがお皿ごと交換して食べたり、ワインをがぶ飲みしたり、大騒ぎをしているので男性は肩をすくめたりして、困った顔をされていたのを興津選

手は見逃しませんでした。本当に申し訳ありませんでした……。（素直に反省）でも〜〜〜〜。それだけ美味しかったんです〜〜〜！！（反省してねーだろ〜〜！！）

　ということで、たらふく食べて、たらふく飲んで、大騒ぎ。お店を出るときに「ラディシオ〜〜ンシルブ〜〜プレ〜〜」とやってお勘定を見ましたが、そんなに高くなかったと記憶しています。

　というか、やたらに高ければ記憶に残ると思うのですが、多分納得してお支払いのできる金額であったと思うんですね。確かにプレートを5つにサラダとか単品でガンガン注文して、挙句の果てにワイン4本ですから……（食いすぎ、飲みすぎだろ〜〜）という状況でございました。

　さて、お店にタクシーさんを呼んでもらってお店から表に出ます。夜のとばりの下りた入り江には、ボートが舫ってありまして、とても雰囲気のよい入り江です。同行の方々は、多少時間があるからと、先ほど興津選手が見てきたマルセイユ港を見に入り江の先まで散策に出かけて行きました。

　興津選手はタクシーさんが来るからその場で待っていましたら、タクシーさんが1台やってきました。同行の方々はお店の前の入り江の先に行ってまだお帰りではありません……。とその刹那（りり）に、お店から凛々しいおばあちゃんがお2人出てこられました。お店の方も一緒に出てきたのですが、"このタクシーは日本人が呼んだタクシーです"みたいな事を言っ

その25　記憶に残る小さな港のレストラン

ていたと思うのですが、このマダムのお２人は意に介さず、堂々とタクシーにお乗りではございませんか〜〜。いや〜〜〜まったく堂々としたものです。

　興津選手の目の前から、このマダムをお乗せになったタクシーさんは、入り江からどんどんと坂を登っていき、視線から途絶えました。お店の方も申し訳なさそうな顔を興津選手に送っていましたが、ここは「人類みな兄弟」「お年寄りには親切に」という優雅な気持ちになって興津選手もお見送りいたしました。

　確かに、同行の方々は入り江の先からまだ帰ってきませんし、来たタクシーは１台でしたから、どうぞどうぞとその店員さんに目配せをしたら、お店の方も「メルシー」と「もうすぐ２台来ますから」と言ってお店にご帰還されました。

　しばらくいたしますと、タクシーさんが２台連なって入り江に入ってくるのが見えました。興津選手は日本語で「タクシー来たぞ〜〜。早く帰っておいで〜〜」と叫び同行の方々を待っていました。この入り江は本当に狭い道しかないので、Ｕターンの出来る所でＵターンをして、後ろ向きにバック運転でタクシーさんは入ってきたので、多少時間もかかり、同行の方々も無事にお店の前まで来ました。そういや〜〜最初の１台は頭から入って来たので、マダムお２人を乗せて、四苦八苦してバックで出て行きました。

　さてこんな珍道中を繰り返しながら、マルセイユの３泊目を迎え、明日

はパリまでの移動日でございます。無事にホテルまで着きまして、各々部屋へ向かいます。相当「ハイ」な気分でマルセイユの夜は更けていくのでありました。

　朝です。昨晩のワインの量でも二日酔いはありません。貴重な男性お1人様はここでお別れです。彼は本日から別行動の為、この朝でお別れなのです。「では今朝でお別れですね〜〜。おたっしゃで〜〜」的な感じであたかも日本にいる時のようにお別れいたしました。(苦笑)
　そうしますと、このツアーでの男性は興津選手と橋本さん。そしてお客様の唯一の男性の合計3人のみ……。という非常にアンバランスな感じでございます。ホテルからほんの数分のマルセイユ駅までチャーターバスでご出発でございます。ここからTGVに乗り込んで、一路パリへと向かうわけでございます。確かにこの人数で、坂を登って駅まで行くわけにはいきませんし、スーツケースも引きずっているわけですから……。バスに乗りこむ際には運転手さんが手際よく貨物室に積みこんでいきます。難なく時間通りの出発もできまして、ホテルの最終チェックでも特にトラブルもなく、精算もスムーズ。今回のお客様の方々は旅慣れた方々ですので、安心でございます。
　さぁ〜〜イザ「パリ」へ……。

その26
なぜ汗だくに？ TGV乗車

　さて、いよいよパリに向かって出発でございます。皆様朝食をおすませになりまして、お土産と、プロヴァンスの思い出をスーツケースに詰め込んでマルセイユ駅まで向かいます。ホントに旅慣れた会員様ばかりですので、ホテルでのチェックアウトもスムーズに……。(ホントですよ……。何ら問題無し) 橋本さんの誘導もあり難なく突破。さて、ほんの少しの距離ではありますが、大型バスに乗り込んで、無事に駅に着きました。

　以前この駅で、興津選手の社員と3名でパリに向かっていた時、駅には時間前に着いたものの、時間の勘違いとミスが重なってしまい目の前でその車体がしずしずと……走りだしてしまい、つまりTGVに乗り遅れたことがあります。

　その時の記憶がストップモーションで残っている逸話。
　実はこのマルセイユからパリまでTGVで行ったことが以前にあります。そう、以前カシ海岸まで出かけた時の話でございまして、男性社員2名と

電光掲示板にはご注意ください

共に3名でございました。その時の出来事です。

　前日にバウチャーをわざわざチケットに取り換えにきていたぐらいなんですね……。(しかしまったく必要の無い作業でした) TGV のチケット持っているんだから、1時間前には駅に行こうな……と3人で出かけてきましたマルセイユの駅でございまする。でもね〜〜あまりに早く着いたので、1人を荷物番にして、順番に駅構内を散策していました。こちらの駅では、電車の出発するホームは出発時間の30〜40分くらい前に電光掲示板に表示されます。まあ、チケットは手元にあるし、ホームはまだわからんから、気長に待ちましょう……としていましたら、興津選手はホントにうっかりしていて、出発時間を30分勘違いしていました。この時の当社のスタッフも全然気に留めていないで、マルセイユ駅構内を徘徊……。イエ、散策していたわけですが、40分前だからそろそろ出発ホームの表示が出ただろう……と電光掲示板を見たら、「あれ！！？この電車だよね

その26 なぜ汗だくに？ TGV乗車

……！！？？」「オンタイムってなっているけれど、もう5分で出発時間だぞ？？　なんで？？？」とチケットを見たら、出発時間を勘違いしていたことが判明！！！　やばい！！！　ともかく荷物番の2人のところに駆け寄って、「荷物を持ってホームに行くぞ！！」と声を掛けるやいなや、興津選手を筆頭に走り出しました。2人は何事？？　きょとん？　そして、怪訝な表情を浮かべつつ、興津選手の迫力に押されながらホームに向かい走ります。

　なんと、ホームのゲートが今まさに降りようとしているところを、興津選手通過。2番手もなんとか通過しています。そうなんです。ここにはゲート門番のおっさん（駅員さん）が、チケットを確認するんです。

　興津選手はいつもの癖でして、胸ポケットにチケットを指しておく習慣がありまして、すぐ無事ゲート通過。2番手の選手もなんとか通過でございます。先頭の興津選手は電車のタラップに足を掛けました所、中にいる乗務員さんに、「あと2人いる。ちょっとまって！！」と叫んだんですが、「お前1人なら入れてやる」って言っています。むりやりタラップに足を掛けて、後続の2人の選手を見やったら、1人の選手はもう8メーター位の所にやってきています。さて、もう1人は……。

　そうなんです。ゲートの所で、スーツケースを広げて、しゃがみこんでチケットを探しているではあ～～～りませんか……。しかもそのゲートから車両までは約50メーターはあろうか……。たぶん30メーター位だと思

うんですが、この時は目視の感覚で100メーターにも見えました。

　ありゃりゃ……。と思っていましたら、TGVの乗務員の女性の方に、「もう時間だ。あきらめろ」と毅然と宣言されてしまいまして、TGVのドアは無情にも興津選手の足元で閉まっていくのでありました。ストップモーションみたいに思えます……。無常にも、乗車するはずの電車が目の前をゆっくりと発車し、徐々に加速していきます。そして、だんだんとそのフォルムが小さくなり、点になり、視界から消えていきます……。

　その後、追加料金を払って次の電車のチケットに切り替えてもらって、2時間遅れでパリに向かうことになりました。

　皆様くれぐれも、電車の出発ホームの確認は厳重に注意され……。そしてゲートが開いたら、即座に乗り込みましょう……。日本みたいに、時間に行けばいいや！！なんて思っていると、指定電車の車両が遠かったりして意外に時間がかかります。

　さらに申し上げれば、電車に入れば自分の席のある車両まで車内は繋がっていると思うでしょ……。繋がっていない電車もたくさんあります。もし、2等車のチケットであわてて乗り込んだ車両が1等車であって、列車の中で車両の移動が出来ずに、2等の車両まで行きつきませんと……1等車に乗り込むことになります。そこに必ず車掌さんはおいでになられます……チケットをチェックされます。もし乗車券を持っていなかったら、2倍の料金加算。罰金。座席チケットはどうなるかわかりませんが、日本

その26　なぜ汗だくに？　TGV乗車

で通常指定券でグリーン車に座っていたらどうなるのでしょう～～……。気を付けましょう。（完）

　さて、マルセイユの駅でございます。会員様のスーツケースをバスから降ろしてみると、これが大量なんですね～～～。さすがに30人分位のスーツケースの山ですから駅の構内では邪魔です。駅の外に皆様のお荷物を集めまして、ひと山作りました。弊社のスタッフが見守り役です。駅の外ですから、容赦なく太陽の光が照り付けます。正直「暑い！！」弊社スタッフが順番にお見守り。駅の構内は空調がありますので、涼しい……。

　会員様は集合時間まで、三々五々駅の中でお買い物されたり、飲み物を飲まれたり、ショップを覗いたり、自由行動でございます。橋本さんと興津選手はチケットの確認。時間の確認。出発ホームの確認などをしています。しかし、出発ホームが事前に分からない……というシステムは日本では考えられませんぜ……。まったく……。

　30～40分位前になると、ようやく出発ホームの案内が出てくる始末……。掲示板を気にしながら、頻繁にチェック……。ここで乗り遅れたら洒落になりませんから……。

　今回は大丈夫。ミスター橋本がいますので。時間が迫りホームも確定し、ゲートが開いて目的の車両に向かいます。ホームに電車が入ってきて、そのホームの所に遮断機みたいなゲートがあります。そこに係員さんがいて、

乗車券を一応確認します。われわれは日本人ばかりで、もう見るからに団体様ですので、橋本さんが代表してチケットを見せればあとはスルーでした。（簡単に申し上げれば…イイカゲン…）

　さて、乗車時間となりました……。ここからが大変でした……。なにが大変かっ！と申し上げるのは、時間内にスムーズに電車に乗り込む事……。つまり、ほぼ女性だけの団体です。しかも、フランスの電車は、ホームが低い……。（ヨーロッパの駅はだいたいこんな感じです）電車に乗るのも、はしご段をよじ登る感じですから……。
　荷物の持ち上げが大変！！！　女性ばかりですし……。ここは男が荷役をしないと……。
　ちょっと待て！！！　男性は３人だけだぜ……。（会員様のお１人もすでに計算に入っています…爆笑）しょ〜がないですよね〜〜。当然のようにお手伝いをしていただきました。（まったく人使いの荒い会社だ〜〜〜）
　電車の下で会員様から手荷物を受け取って、女性の皆さまはどんどん電車に乗り込んでいただきます。そして、山のようになったスーツケースの最後尾には弊社のスタッフを１人見張り役にして待機……。橋本さんと、興津選手と男性参加者さん。３人でふうふう言いながら電車に荷物を持ち上げて行きます。そうしたら、車内の荷物置きの場所がてんで狭い……。フランス国鉄様少々考えてくださいよ…。１階の荷物置き場はすぐに一杯になり……。今度は２階の手荷物置き場まで上げなければなりません。し

その26　なぜ汗だくに？　TGV乗車

かも出発の時間は迫り狂ってきまして……。えらい目に遭いました……。
　最後は、ほかの一般のお客さんに先に入ってもらって、車両の通路という通路。階段を占領して、積み上げました。そこでドアが閉まり、出発です。何事もなかったかのように、TGVはマルセイユの駅を出て行きます……。

　でもこれからがまた大変……。階段の荷物を（無防備につみあげていたので）整理整頓し、荷物置きの場所も整理整頓し、積み込み完了……。（男性会員様にも十分に手伝っていただきました……。人使いの荒い会社でして……）もう汗だくです。ただし、自分の席に行く時には何事もなかったような「涼しい」顔をして自席につきました。そう何事もなかったかのように……。女性会員の皆様は、車窓からの眺めを楽しんでいらっしゃいます。（楽しそうに…ここは重要です…）
　しばらくすると、さすがに農業国であるフランスの畑の眺めが広がっていきます。これは延々と続きます。広いですよね～～。日本だとすぐ山とかトンネルですが、淡々と風景は続きます。
　さて、電車の中で一休みしているとパリに近づいてきます。田園風景から徐々に建物が増えてきて、いよいよ大都会に近づきます。途中停車する駅はなく、直行便でした。パリに到着！！！

　「花のパリ」と評される大都市です。手配してあるバスに乗り込みます。先ほどの手荷物を、また電車から引きずりおろして、会員の皆様各自にお

渡しをして、バスに向かいます。(この時も当然のように男性参加者の方にもお手伝いいただきまして)

　到着はお昼ちょっと前なので、ここからレストランに向かいます。レストランはノートルダム寺院のすぐそばのレストラン。ここのレストランも団体様には慣れているようでして、食事の配膳を受けます。確かお魚とお肉のプレートを選べたと思います。前菜・メイン・コーヒーという普通の食事ですが、さすがにパリです。ちゃんとワインもあります。ロゼワインもあります。スパークリングワインもあります……。ワイン……。ワイン。(クドイ)

　当然ワインも注文いたしまして、食事のスタートです。和気あいあいと食事でございます。おいしかったですよ……。

　ここから半日のパリ観光ツアーでございます。

　当社ツアーは基本的にフリータイムですから。(別名：放し飼い……こら！！言葉に気をつけろ……) 食後にパリに慣れていらっしゃる会員様は、ホテルの場所と集合時間を伝えて手荷物だけお持ちになりパリの町中にお出かけの会員様もいらっしゃいます。全然問題ありません。基本的に(放し飼い……) いえいえフリータイムですから……。テンデバラバラ、自由自在、存分にパリを楽しみましょう！！！

その 27
Paris　入城

　さあ！！パリでございます。このツアーも後半戦に入りました。ここから、ホテルのチェックインまでの間は、バスによるパリ観光としました。まあ簡単に申し上げれば、まだホテルの部屋準備が済んでいませんから、パリの半日観光を組み込んでいただいた訳でございます。

　まずはレストランへ向かいます。ここでもとにかくも大事な食事！！お仕着せのランチでしたが、時間もそんなにかからずに順調に食事が出てきます。さすがにパリのレストランなので団体様にも慣れている様子。安心です。

　ここのレストランもまあまあ感じの良いレストランでした。確かに南フランスとは異なりますので、あのアッケらかんとした空気の「解放度」はないのですが、重厚な厚みのある感じのレストランでございます。お魚料理とお肉料理とパスタだったかな？　選択の余地もありましたし、みなさん思い思いに注文しても、間違われずになんとかなりましたし、ここでもワインは注文できました。（ランチからフルボトルワイン……重要な事です。

……笑)

　しかも、30人近くの人数なのにもかかわらず……。パリの中心地であるにもかかわらず……。食事がスピーディに出てきます。やればできるじゃん。パリのレストラン！！という感じ。しかも食事はおいしい。これも重要でございますね。「このおいしい！」はロンドンの昼食のパブと比較して……おいしいというレベルの食事と思ってください。つまり「悪くない」という感じかな〜〜？　前菜・プレート・コーヒーという感じでしたけど、悪くはありませんでした。

　何回かパリにお越しの方であれば、パリでこれをしたい！！という目的をお持ちの方々も多いと思いますし、なにせパリなら「どれだけでも時間が欲しい」となりますよね。でも初めてのパリなら、このようなお仕着せのパリのバスツアーでも、これはこれで楽ちんですよね〜〜。迷いながら地下鉄に乗り込む必要もありませんし、訳のわかんない自動販売機でカルネ（地下鉄の回数券）を買わなくてもいいですし、あのくそ重いスーツケースを転がして行く必要もありません。バスに積み込み、乗り込めば完了です。

　地下鉄の回数券「カルネ」は、有人のチケット売り場がない場合や行列で混んでいたり係員がいない場合は、自動販売機で購入することになります。クレジットカードで買える自動販売機がおすすめかもしれません。

この買い方ですが、英語が多少わかれば（興津選手レベルの英語で問題なし……）イギリスの国旗のマークを指先でタッチすると英語の表記に切り替わります。それから手元下にある取っ手を回すと液晶画面の表示が上下に移動しますので、買いたい物の所にスクロールして、「OK」と押します。確か記憶だと、まず、チケットの種類（一回券とかカルネとか）を選び、「OK」行きたいゾーンの選択をして「OK」。（通常はゾーン１のみで大丈夫ですよ）そして、コイン・紙幣・クレジットカードなど精算方法を選択して「OK」、カードを入れろ！と指図されますのでその指図のママに、最後に領収書いるか？と聞かれるので、これはどちらでも……。こんな感じで買えました。簡単ですよ。

　ついでに日本語版も作ってくれればいいのにね。正直、日本人観光客さんが一番英語は下手みたいですよ……っていうか、使えていないですね。会話でも、文法とかなんとかに固まってしまう日本人たちが多いですね。みなさんはいかがですか。興津選手の感覚では、フェース to フェースなら、「名詞」と「動詞」さえわかれば何とでもなります。本当ですよ……。例えば、なになに（名詞）食べたい（動詞）、どこそこ（固有名詞）行きたい（動詞）、これこれ（名詞）欲しい（動詞）、これで何とかなりますよ！

　あとは度胸。これがフランスなら通じるんです。なぜかと言えば、フランス人も英語は下手です。（爆笑）日本人の下手な英語とフランス人の下手な英語。妙〜〜にかみ合います。

　以前にレストランのメニューで「これなぁに〜〜？」と店員さんに聞い

たら、「ピッグ」って言われて「Ohーーーポーク」って言ったら。「ウィ・ウィ！！」とうれしそうに言われたことがありました。

　さて、バスも順調、パリのガイドさんも橋本さんの旧知の方でありまして、（日本人です）すべてが順調に進んでいきます。拍子抜けするほどです。おおよそ何かしら問題がおこるものなのですが、すべてが順調。ありがたい……。

　レストランで、2本目のワインを平らげてバスツアーの開始です。
　まずは、バスの車窓からパリの市内の見学でございます。シャンゼリゼ方面から凱旋門を窓越しに見ながら、確かにこの周りは観光バスが停まっている所を見かけませんので、ここは降車して観光している団体様（世界中の……）はあまり見かけた事はありませんですね。
　凱旋門のロータリーを一周しながら、エッフェル塔が見える一等地にお出かけ。ここで、降車してエッフェル塔の視察です。そうです！！あの有名な「シャイヨー宮」のテラスです。ここからの眺めは最高ですね！！このテラスの先に崖がありまして、セーヌ川にかかる「イエナ橋」の先にはエッフェル塔がそびえ立ちます。ここから見るエッフェル塔は本当に眺めが良いですね。ここは興津選手がパリを初めて訪れたときも来ましたが、最初っから記憶に残る場所でございます。
　この場所から眺めて、エッフェル塔の先にも公園があり、そこからも良

その27　Paris　入城

い眺めの場所もあります。でもこのシャイヨー宮の方が眺めはいいですね……。お勧めです。近くに地下鉄駅もありますので、便利でもあります。ここでしばしの自由時間。バスは我々を落としたあとは、時間の約束だけして何処かにお出かけ。カメラとお財布のみ持って降車します。

　アイスクリーム屋さんもあるし、簡単な（本当に……）簡単なお土産屋さんもあったり、物売りが売り歩いていたり、世界中からの観光客のるつぼと化しています。ここでも集合写真を撮ったり、眺めたり……。興津選手は実は何度も来ていますので、眺めを楽しむのではなくて参加者の方に不審人物が近づかないか！！（ここもスリが多いのでご注意）を注目し、ある意味保安要員として監視しております。

　特に大きな問題もなく、集合時間になりまして、皆様ご集合でございます。さすがにイエナ橋までの往復の時間は取れませんので、崖を降りていく会員様もいらっしゃらないので、安心でございます。（行っちゃったら放置しちゃいます……笑）再度バスに乗り込みです。警察官が交通整理をしたり、スリなどの犯罪者のチェックもしたりしています。

　実は、スリは子供たちの集団であったりします。子供たちはどうやら、フランスの法律で保護されているそうで、犯罪にはならないらしいんですね。（伝聞ですので違っていたら教えてください）ですので、子供たちが狙ったターゲットの前に行って画用紙みたいなものを広げて、ターゲットの人物に声を掛けます。あるいはアンケートにご協力ください。なんて方法も

あるみたいです。その画用紙などに注意を取られていると、そのすきにターゲットの回りを囲っている他の子供たちがスリ行為を働く場合が多いです。皆様もご注意ください。

　どうも1人か2人ぐらいで行動している、みるからに観光客だぞ〜〜という風貌の方々が狙われているみたいですね。(日本語のガイド本などを道端で広げていたり……)年齢もそうですね〜〜、60歳以上位の方々を狙うパターンが多いのではないか？と思ったりします。若い方々ですと正直あまり現金を持っていない方が多いので、これくらいの年齢の方々が狙われているように思いますね。カメラ・お財布・携帯電話が3大被害品目でしょうか。ともかくご注意ください。

　もし万が一囲まれていたら、とにかく何でも良いので、大きな声を出す！！　これが重要です。「用事はないぞ！！」とか「こら〜〜！！」とか「あっち行け！！」なんてのが良いかもしれません。これは本当に重要。さらには「助けて」とか「おまわりさん」なんていうのも「アリ」かも知れません。さらに囲まれたら、万が一の事を考えて、財布とかカメラとか携帯電話などを自分の手で押さえる。そして、とにかくその場所を離れる。これしか方法はありません。

　以前、本当にあったことです。私と連れの男性2人で地下鉄に乗り込もうとしたときです。たまたまなのですが、その男性はブランド物の買い物をした後でして、大きなブランド紙袋を持っていました。電車が駅につい

その27　Paris　入城

て乗り込もうとした時に、1人の女の子が興津選手の乗り込みを阻止しようとしました。とっさに気が付いたので、「邪魔だ！！」と一喝して半ば強引にですが乗り込めました。そのつれの男性は興津選手の乗り込んだ入り口より一つ先の入り口からしか乗れませんで、4人掛けのボックス席2つ先に乗り込んでいるのがわかりました。

　そうしたら、子供たちに囲まれているんですね。興津選手は、大きな声でこの男性の名前を呼んで、ともかくものすごく混んでいるけれど「こっちに来てください」と日本語で言いました。この時「周りにスリに囲まれていますから」と日本語で言っても、周りの乗客の方々はわかりませんから大丈夫です…。ただ、この連れの男性がターゲットとして、「ロックオンされているな」とは感じているみたいで、その男性が乗客の中をなんとかかき分けて興津選手のところに来るには、非常に好意的に進行方向をあけてくださいました。すぐさま、お財布・携帯・パスポートなどを確認してもらいましたが、事なきを得ました。次の駅につくなり、この子供たち7人位は一斉に電車から降りて行きました。

　スリには本当に気を付けましょう。あとは、ターゲットにならないようにするしかないですね。ブランド物の紙袋を堂々と出したり、ブランド物のバッグを使っていたり、あたかもお金持ち！！という風情だと要注意でございます。女性の場合で、ブランドショッピングをして手荷物が増えたら、いったんタクシーでホテルまで帰った方が良いですよ。ホントニ

……！！

　興津選手は、お買い物を入れることのできる、古い布製の大きな袋をたたんで持ち歩くようにしています。当家の山の神様のご下命の買い物をした場合など、（これも他人様からの頼まれ物であったりします）即座に紙袋ごとこの布袋に突っ込んでおきます。まあこれでほぼ大丈夫でございます。

　あとは、近づいてくるなよ！！というオーラをぶっ放しておくことですね。町角で日本語のガイド本などを見つめていると、危ない！！　良く見ていますよ〜〜あの方々は！！　スリはどこにでもいます。

　ある時日本人のご夫婦がオペラ通りでガイド本を睨みつけていたので、「どちらまで？」と声を掛けたら、一瞬非常に警戒されましたが、お話しできました。そうしたら「この近くで、美味しい海鮮物を食べさせてくれるレストランを教えてくれ！！」というご質問でした。神様も見ているもんですね。レストランの質問です。この質問は興津選手に聞くように！！とご配慮いただいたのでしょうか？？（爆笑）こまかく・丁寧にお教えして差し上げました。

その28
パリ添乗員さんのパイロットランプ
(ご説明)

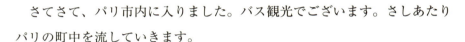

　さてさて、パリ市内に入りました。バス観光でございます。さしあたりパリの町中を流していきます。
　シャンゼリゼから凱旋門へ進みます。シャンゼリゼ通りは凱旋門に向かって緩やかな上り坂になっています。ですからよく目にする写真の様に車の往来を確認しつつ、凱旋門が遠目に見えるわけでございます。フランクリンルーズベルトの駅あたりから凱旋門までが、いかにも！！のパリの風景でございますね。

　この通りの右側には有名なキャバレー「リド」があったり、左側にはルイヴィトンの本店があったりします。ルイヴィトンの本店はお勧めしませんぜ。だって！！無茶苦茶混んでいますから……。東洋系のお客様で連日満員。入場制限さえしている始末。
　ルイヴィトンの買い物でしたら、ボンマルシェ（地元の百貨店）の中のお店か、サンジェルマンデプレ教会の正面にあるお店の方がすいていて気

持ちよくお買い物できますよ。（最近徐々に混み始めていますが……）

　さて、バスはエッフェル塔が見える「シャイヨー宮」を出発いたしまして、サンジェルマンデプレ近辺を通過していきます。この時のガイドさんが、「パリはサンジェルマンデプレから始まる！！」という自説をものすごい勢いで説明されています。
　まあ確かにサンジェルマンデプレは素敵な街並みですし、最近では有名ブランドのお店もできつつあり、学生街のカルチェラタンも近いし、比較的安全な街並みでもあります。興津選手もこの街は好きです。
　しかし、あのガイドさん程の勢いまでにはいたりませんでした。
　なんでだろ～？
　解りました！！　理由がありました！！　このガイドさんは、橋本さんのお知り合いの方でありますが、どうも若い時にこの町で暮らしていて、彼女さんと知り合った町らしいんですね……。ソリャ思い込みも激しくなるわけでございます。（笑）その恋の行方までお伺いいたしましたが、その行方は皆様のご想像にお任せいたしましょう！！　素敵な恋に発展したんでしょうか？あるいは……。
　まあ、そんな素敵な出会いのあるのもパリだからかもしれませんね…。
　サンジェルマンデプレ教会を車窓に見ながら、またセーヌ川を渡ります。さあお目当てのパリ・ノートルダム寺院へ到着です。ノートルダム（われらが貴婦人）の教会。つまり聖母マリア様の教会という事になります。で

その28　パリ添乗員さんのパイロットランプ（ご説明）

すからフランス全土にノートルダム寺院は何カ所もありますよね……。

　正面入り口から向かいますと、もう大変な人です。入場するのに一体何時間掛かるんじゃ！！という感覚に襲われます。炎天下に整然と並んで入場を待ちます。正直暑いよ！！と思って並んでいましたが、思ったより早く入場できました。別に入場料をお支払いするわけでもありませんから、ドアの中にどんどんと人が吸い込まれていきます。

　この教会は大きいですから、中に入れば天井も高くて涼しいし、礼拝用の椅子もありゆっくり座れます。（でも休憩場所ではありません。ご注意ください）

　さてここからが圧巻でして、ガイドさんの説明が懇切丁寧！！　皆様聞き惚れていらっしゃいます。興津選手はここでも団体様を遠巻きに見ながらスリの注意のみに気をとられていましたので、説明はほとんど聞いておりません。でもものすごく詳しく説明されていました。（キリスト教の成り立ちみたいな事を話されていたらしい……）皆様納得でぐるりと教会の内部をひと回り。

　その後バスに戻る時間が迫ってきました。ここでもバスの長時間駐車は無理ですので、回送してきたバスに順序よく乗り込まねばなりません。ガイドさんは先頭の方を引き連れてアリンコの先頭を行きます。（こら！！！お客様をアリンコだと！！　表現に気をつけろ）と思うのですが、髪の毛の黒い集団が一列になって歩いて行くんですからこれはアリンコでしょ

175

う！！（爆笑）

　あれ？？？一匹足りない。（だから表現に……）最後の方にお一方いらっしゃいまして、どうやらおトイレをお探しのご様子。そうなんです。この国ではトイレが少ない！！　パリ市内でもトイレ探しには大変苦労します。ましてや、世界中から何万人も集まる教会ですから……でもトイレが見当たりません……。

　その辺で……というわけにもいきませんから、困っていましたらさすが橋本選手。このお客様と連れだって何処かにお出かけでございます。どうやら近くのカフェに行ってトイレをお借りしてきたみたいです。やるよね～～～！！！　カフェでお茶をすればトイレは気持ちよくお貸しいただけますが……。時間も差し迫っている時でもありましたのでトイレだけ借りてきたみたい！！　これは難しい！！　興津選手じゃこうはいきません……。そんなにずば抜けた交渉力は持ち合わせていません。さすが……。

　バス乗り場に最後のお客様と橋本さんと無事にたどり着きまして、なかなか良い時間になって参りました。ここからホテルに向かいます。今回のホテルはパリ市内から高速地下鉄で３つ目の駅「ベルシー」にあります。ここは昔のフランス財務省近くで新しく開発した地域らしく、高層ビルやたくさんの会社があり、人通りの非常に多い駅でございます。そして具合の良いことに駅の前にはショッピングモールとモノプリ（スーパーマーケット）があり、これはこれで便利な駅でございます。

ホテルはアメリカンスタイルのいまどきのホテルでございまして、☆4つ。セキュリティも万全。日本人にはありがたいホテルでございます。なにせパリ市内のホテルでは☆4つでも、「電球がきれている……お湯が出ない……シャワーしかない……」なんてホテルはざらにありますので、ヨーロピアンホテルより助かります。また、大きなホテルですので団体でも便利でございます。

　そしてパリ市内中心部の駅「ピラミッド」までは高速地下鉄約15分程度で向かえますのでコリャ便利。お出かけの方にはお勧めでございます。「プルマンベルシーホテル」を個人で取るといくらかな〜〜？　今回は団体でしたので、詳細はわかりません。ホテルに到着でございま〜〜す。

その29 「チーズとポテトのトルコアイス風」

　プルマンベルシーホテルにチェックイン。なんともスムーズに進行していきます。ご参加の皆さまは移動のお疲れなど関係なくウキウキされています。

そりゃそ〜〜だ！！　だって「パリ」でっせ！！　「パリ」なんとも響きの良い町ではありませんか！！　「パリ」大好き〜〜！！……。（はい、ハイ……）東京も良い町ですが、パリは独特ですね。なにせ世界で一番観光客が集まるのが「フランス」ですし、その中でもやはりパリは一番ではないでしょうか？　世界中の観光客の坩堝(るつぼ)と化しています。

　興津選手もパリは大好きな町です。お仕事でイギリスに行くときも、なんやかんやと理由を付けてパリ経由にしていくことがあります。これは、いつも使う成田発の夜便の影響ですけどね。CDGに早朝に着きますので、ヨーロッパ内でしたらトランジットに非常に便利ですし、何より明るいうちに目的地のホテルに入れます。これは便利ですし、何より安全です。例えば、朝一番でCDGについて半日パリ滞在。その後他の目的地に出かける！！なんてことも可能です。

　CDGには有料手荷物預かり所もありますし、（TGVの駅のホームのある場所の2階です）ここに手荷物を預けてフランス国鉄に乗り込めば、パリの中心地まで約30〜40分、あるいは、ロワシーバスなら何の不安もなくオペラ座の真ん前に着きますよ。

　どうです？　パリにちょこっと半日滞在でも、ちょっとしたお買い物、食事など好き放題！！　「パリのアメリカ人」みたいに異空間を楽しんでいけます。パリに滞在しなくてもパリを体験できる訳ですからこれもお勧めで〜〜す。普通の名もないカフェででも美味しいコーヒー等をいただき

その29 「チーズとポテトのトルコアイス風」

ながら、私はパリ通よ！ってな体験もいいのではないでしょうか？

さてさて、ホテルに投宿して、ここからの問題は夕食です。くどいようですが、食事！これは非常〜〜に大切なミッションです。夕食の時間を目指してホテルのレセプションでうろうろしていましたら、今回のツアーのお客様と遭遇！！夕食はどうしましょうか？という話になりました。さすが！！このツアーの参加者の皆様です。とある会員様が「先ほどちょっと買い物に出かけたら、イケメン店員さんに会った。ものすごく親切な店員さんだった。あの店員さんに聞けば美味しいお店教えてくれるよ！！きっと！！」という物凄く重要な情報が飛び込んで来ました。これは大切な情報です！！（笑）

そうしよう！！！ということになりまして、ご参加の会員様と連れだって6人くらいでお出かけです。ショップさんは、19時を過ぎていたのでお店を閉める段取りになっていましたが、その店員さんを発見！！！

ずかずかと入って行って、「この近くで美味しいお店を教えて！！」と言いましたら、このショッピングモールにはあまり美味しいお店は無いけど、少し歩いて行けば美味しいお店があるよ！！という、とてつもない良い情報にめぐり合いました。イケメン・親切店員さん。メールシー・ボ〜ク！！

そのお店は、ショッピングモール（サンテミリオン通り）を出て、左に曲がり、正面に木造建築の倉庫みたいな建物があるので、そこを左回りに

回り込んで歩いて行くと大きな通り（ガブリエル・ラム通り）に出るよ！その道を50メーターも行けば右側に「黄色い看板」のお店があるからそこがいい！！

　なんとか？カタコトの英語でやり取りしながらその通りに出かけます。はたしてその目的のお店はおっしゃる通りに鎮座していました。ビストロさんですが、わりと大きなお店さんでございました。

　どうも「ポーク」料理がお勧めみたいでしたので、すかさず注文は、「スパークリングワイン」っ？？　お店に入るやいなや、そして着席するやいなや「スパークワイン！！！」出来れば、ロゼのスパークってありませんか？？　食事に来たんじゃないの～～？

　そしてその後に、おもむろに料理のページをめくります。出た～～～！！！！！フランス語のメニュ～。これは、何度も申し上げますが、興津選手にとっては古代象形文字より難しいのではないか！！？？と思われる代物です。かろうじて分かるのはお値段くらい。

　コース料理もありますが、お仕着せの料理ではつまらん！！という事で、「アングレ　シルブープレ」と言いながらメニューをつまんで見せると、「ウィ」という軽やかな返事でございます。英語表記のメニューがあるなら最初っから出してよ～～！！と思いつつ、それでもフランス語を英語に置き換えたメニューですから、「多分野菜だよね～～」「サラダかな？？」「ここはお肉のメニューみたい」と、てんでにみなさんで話し合いながら、なんとか注文に成功！！　あとは何が出てきても食べりゃいいのさ！！と、

その29 「チーズとポテトのトルコアイス風」

かまえて待つしかありません。

　ビーフ料理を頼んだ人。ポーク料理を頼んだ人。地元の野菜などの料理を頼んだ人。サラダは必需品。エスカルゴ！！やっぱり食べた〜〜い！！もう滅茶苦茶な、統一性のかけらもないオーダーになりました。まあこれも旅の醍醐味でしょう？？！！

　でもね〜〜。このお店大正解でした。(実はその後に出かけた時にも再度行きました)美味しい！！　会員様皆様と大満足な夕食になりました。美味しいワインに美味しいお料理。パリの夕刻。マルセイユからの長旅を癒してくれる素敵なお店でした。

　お店には暖炉があってその上には何か不思議な一昔前の洗濯桶というか鍋が乗っかっています。さすがに夏場ですので暖炉に火はついていません。見るとクリームみたいな、液体というよりチーズを溶かしたみたいな物体が入っています。お店の方が、時折にこのお鍋をお客様のテーブルまで持っていって、お皿に給仕しています。

　その給仕する前には必ずパフォーマンスがありまして、あたかも納豆をかきまぜるみたいにしてでっかい木製のスプーンでかき混ぜて、またそれをトルコアイスみたいにして目の前で上下に引き伸ばしています。正直何の料理かさっぱり分かりません。会員様もこの模様にお気づきでして、「あれ何だろ〜〜〜！！」「面白そう〜〜〜！！」「食べてみた〜〜い！！」まあ当然の帰結ですが注文することに。何の料理かさっぱり分かりませんの

で、お店の方にその鍋を指差して一言「シルブープレ」と注文。どうも、何かの料理を頼むと付け合わせ的に出してくれるお料理らしいのですが、僕らにもサービスで出してくれました。

　簡単に申しあげると、マッシュポテトにチーズを溶かし込んだみたいな料理でございます。副菜というか、マッシュポテト的に主菜のお皿の脇にどっさり盛り付けてくれました。美味しい！！？？というより、お腹にたまりましたね〜〜〜〜。

　こんな感じで、一晩目のパリの夜は更けていくのでありました〜〜。
　ワイン……良いよね〜〜〜〜！！！
　店名：「L'Auberge Aveyronnaise」
　場所：40 rue Gabriel-Lame' 75012 Paris
　電話番号：+33 1 43 40 12 24

その30
ヨーロッパのホテルって

　よく、ヨーロッパのホテルに行くと、伝統的なヨーロピアンホテルをご

その30　ヨーロッパのホテルって

希望される方も多いのですよね。パリ市内は比較的新しいホテルに改装されていますので、外見はともかく、中身は新しいホテルが多いです。このホテルは外見から真新しいホテルでございましたし、何より大きなホテル。

　以前にウィーンに行ったことがあるんですが、ここで泊まったのがそれこそ伝統的なヨーロピアンスタイルのホテルでございました。これはこれで、あ～～ヨーロッパに来たんだな～～という雰囲気に飲み込まれますが、つまり「古い」ホテルである事は間違いがありません。

　このヨーロピアンホテルって日本の和風旅館みたいなものですから、ちょっと使い勝手が悪かったりしますので、この手のホテルで宿泊代金が安い所は本気でご注意あれ。すごい事になる可能性があります……。すごいことって？？　まあそれはその時のお楽しみ～～。（笑）……電球が切れてる……。シャワーの出が最悪……。廊下の音が気になる……（人気(ひとけ)のない真夜中でも…ンッ？…）etc.。ちゃんとしたサービスをご希望の場合は、多少値が張りましても、頑張って良いホテルにしたほうが良いかもしれません。

　そういえば、ホテルの朝食会場など見るからに観光目的とわかる場合でも、日本人は見知らない方ですと会話しませんよね……。興津選手は日本の人だな～～と思うと、どんどん声を掛けちゃいます。だって……いろんな情報が入ってきます。どこそこのレストランはいいぞ！！とか、あのレストランはぜ～～ったい行ってはいけないとか、面白いお土産もあります

よ〜〜とか。そんなにお高くとまらないで、いろいろ話をすると良いと思いますよ〜〜。プチ情報交換会。これでその旅が楽しくなったことも多いですね……。

以前にニースに1人で宿泊し、フランス国鉄でカンヌまで行った時です。国鉄のタイムテーブルが全然分からなかったので、有人のカウンターの所で切符購入の順番を待っていたら、後ろについた1人旅の韓国人学生さんに声を掛けられました。まあ東洋人なんだから〜〜みたいな感じで声を掛けられたんですが、この彼がタイムテーブルを手にしています。目的地はモナコなので、私とは正反対の方向に行くのですがこのタイムテーブル何処にあった？と聞くと、インフォメーションを指差してくれました。

モナコの有名なグランカジノ

即座に順番をとっておいてもらって、興津選手も1枚ゲット！！ 2人で怪しい英語で情報交換をしながら順番を待っている間に、どの列車がいいんだろう？？と会話が弾みました。そしてすご〜〜く助かりました。この紙きれ1枚で気軽にカンヌから帰ってこられましたから……。

その30　ヨーロッパのホテルって

　重要な情報を得る事ができたわけで、帰りの列車の時間もわかりましたので、ゆ〜っくり安心してカンヌの町を散策できました。
　今、日本人の若者は海外に出かけなくなっているそうですね〜〜。特に留学希望は減っているみたいです。そういえば、この韓国人学生さんみたいに１人で旅をしている日本人学生さんにはほとんど出くわしたことはありませんね〜〜。もっとどんどん吸収できるときに出かけるべきだと思うんです。ユースホステルも充実しているヨーロッパですから、懐中物にだけは注意が必要ですけど、出かけることは大事かな〜〜と思います。

　今回のツアーでは、パリの３泊は完全にフリータイムですので、皆様思い思いにお過ごしでございました。なんと泊まりがけで「モンサンミッシェル」にお出かけの方、美術館巡りの方、今回はいらっしゃらなかったですが以前にはトリートメントサロンにお出かけの方もいらっしゃいました。
　前日のマルセイユからの移動の日はパリのプチ観光もついていましたので、あと残りの２日間は完全にフリータイム。我々もお客様と離れて放し飼い状態に突入でございます。
　この初日は、当社のスタッフと定点観測しているアロマショップとか雑貨屋さんとかを巡ります。商品見本みたいにして、たくさんの商品を購入。当社の製品の参考とさせていただいています。

その31
パリ市内気軽に貸し自転車「ベリブ」でも運転には気をつけて！

　パリ２泊目に入りました。基本的にパリ市内は各自自由行動ですので、当社のスタッフと一日歩き回りました。
　「ベリブ」って知っていますか？　パリの路上にある「貸し自転車」（**写真**）です。これは民間の事業者が運営しているのですが、最初の登録料以外は30分間無料で自転車を乗りまわせます。日本のクレジットカードも使えますので、今度お出かけになられたら挑戦してみたらいかがでしょうか？　パリの町中を自転車で散策するのも非常に楽しいですよ……。
　移動は地下鉄ばかりでいくと、表の風景も

その31 パリ市内気軽に貸し自転車「ベリブ」 でも運転には気をつけて！

見えませんし、ポイント・ポイントだけは分かりますが、面としてそのエリアを理解することはできませんよね。

でも自転車で乗り回していると、意外にパリの町中は高低差もありますし、地域によって空気感がまるで違います。パリの街はカタツムリと表現されるときもありますが、それは1区から右方向に2区・3区と回っていきます。その区によって、極端に言うと、その地域に住んでいる人種が変わります。あっこれは東洋人とか西洋人とか……ということではなくて、住んでいる人たちの空気感が違うという趣旨です。

カルチェラタンとオペラ座の近辺は学生の街とセレブの街という感じでまるで違いますし、サンジェルマンデプレとカルチェラタンも隣接していますが微妙に「違う」という感じがあります。これはその人の感性で変わると思います。エッフェル塔の先とかも違いますよね。この辺りは「下町」っていう感じかな？

まさしく新宿歌舞伎町的なのはムーランルージュあたりかな……。この辺りでは、午後になるとどんどん空気感が変わりますから……。紳士・淑女のみなさんは特に夜はお出かけにならない方がいいと思います。まさしくデンジャラスゾーン。

マレ地区はそうだな……。原宿と渋谷を足した感じ……。凱旋門近辺は高級ホテルも建ち並んでいるので、まあ「おのぼり」さんゾーンって感じかな～～～。（笑）

どこに行っても違う顔を見せてくれるパリですので、自転車はお勧めです。

　ここで厳重に注意してほしいのは、日本とは異なり自転車も車と一緒のフランス国内の交通ルールです。一方通行を逆走なんてしようもんなら、対向車からクラクションの嵐を受けます。ましてや歩道なんか走ろうもんならポリスに捕まると思いますよ……。あのパリに慣れている橋本さんは自転車は勧めませんから。事故・怪我のもとです。そして、パリ市内の地図がほんのりでも頭の中に入っていないと、とんでもないことになります。道一本の選択ミスで大変なことになります。

　以前バスティーユ広場に第二国立オペラ劇場があるのでそこまでなんとかバスで出かけて、帰りに無謀にもオペラ座まで自転車で向かったことがあり……、1本道を右にそれてしまい、ルーブル美術館が左手に見えてくるはずなのに、東駅が右手前方視界に入ってきました。えっ！！と思っていたものの、エイヤ！！と自転車を進めてみましたら、ムーランルージュがみえてくるじゃ〜〜あ〜〜りませんか……。こりゃもうダメだ！！　即座に自転車を返却しました……。地下鉄に乗り込んで帰りましたよ……。あの辺は上り坂になるんだからもうへとへと……。じつは結構距離あります……。ベリブはちょこっと乗って即座に返還。地下鉄の駅があったら、返還。こんな感じがお勧めですね〜〜〜。

その31 パリ市内気軽に貸し自転車「ベリブ」 でも運転には気をつけて！

　２日目は弊社のスタッフと走り回っていたのですが、一応視察等必要な所は回り終わりまして、自由時間にしようということになりました。そうしたら２人が自転車に乗りたいというリクエストです。まあ、この２人も何度かパリには入っているし、２人でいれば何とかなるでしょ。英語なら何とか会話もできるスタッフなので、ベリブを借りる方法のみお教えしました。３人で少し走って、コツをつかんだら、自由行動！！放し飼〜〜い。私も自分のしたいことに向かいました。

　さて、三々五々楽しんだパリも夕暮れになってきます。大事〜〜〜な夕食の時間が近づいて来ます。（ここ大事……クドイ）実は昨日の夕刻に、ショップの店員さんに聞いて行ったレストランをチョイスする前に、ホテルのレセプションで「このレストランに行きた〜〜い」とご参加の会員さんと話をしていました。興津選手は、食べログとかトリップアドバイザーの口コミ情報で「これは良いぞ！！」という情報を日本から紙焼きして持参していくんですが、会員さんも「行きたい！！」と言っていたお店とどんぴしゃり！　まるまるかぶったお店がありました！！！

　「フォアグラ」をリーズナブルに食べさせてくれるビストロです。エッフェル塔のすぐ下にあるビストロでして、ホテルからは多少遠いんですが、ここは興津選手です。よ〜〜〜しここにしよう！！と意気投合していまして、橋本さんに電話してもらったら、あいにくその日は満席！！で駄目だったんですが、明日は取れるよ！とのことだったので、予約を入れてもらっ

てありました。（エッフェル塔を左に見て、セーヌ川方向を見て右側）

　今晩は……「フォアグラ三昧……」フフ、フェフェ、良いでしょう〜〜〜。7人ぐらいで出かけました〜〜〜。（このぐらい〜〜っていう感じでいいんでしょうか？？？）まあ、ぐらいです。（いい加減この上なし……）

　地図もあるし、予約もしてあるし……。皆で地下鉄でお出ましです。これもいいですよ。すんなり見つけちゃいました……。なんの問題もなく……。すぐ見つかるんですよね〜〜。こういう時、こういうお店は真剣に探すんですが即座に見つけます。（嗅覚のみで生きていますから……笑）皆でお店の中に吸い込まれます。（正しい事です）

　例のごとく「シャンパンで乾杯！！＆ワインの注文は興津選手の大事〜〜なお仕事」料理は皆様が見ていますが、あの古代象形文字であろうと思われるフランス語で書かれているし四苦八苦と思いきや、メニューの脇に日本人が日本語で簡単な訳文を付けてくれています。いや〜〜〜親切な日本人がいたもんだ。

　マダムもこれとこれをチョイスしたほうが良いよ！！とか皆でシェアして食べれば！！とか。親切この上ありません。しかも興津選手と同調した会員様は、入念な下調べの結果、すでにメニューも決めてあります。（さすがです）ということで、わりとスムーズにオーダーという難解至極の儀式、終了です。

　よくよく話を聞いたらマダムとご主人と息子2人で切り盛りしているお店さんだそうで、アットホームな雰囲気で楽しく食事ができました。美味

しかったよ……。生フォアグラ、ソテーも良いし、サラダも。シャンパンもうまし……。コストパフォーマンスは最高。高くないです……。

店名：「Au petit Sud Ouest」

場所：46 Avenue de la Bourdonnais 75007 Paris

電話番号：+33 1 45 55 59 59

その32
夜のパリの魔法　エッフェル塔のライトアップ＆……

　さて、パリももう2泊目です。ご参加の皆さまも、思い思いのパリの休日をご堪能の様子。一安心でございます。なにせ、パリの3日間は完全フリータイム。（パリ到着の半日はバスツアー。それも希望者は自由行動……）なんともフリーダムなツアーでございます。

　初日の夕食は、日曜日ということもありまして、ホテルのすぐそばの美味しいお店を地元イケメンさんに紹介してもらって食べに出かけ……。2晩目は、会員様数人と連れだってエッフェル塔のすぐ下の「フォアグラ屋さん」にお出かけしました。

橋本さんに頼んで、予約をしてありましたから何も問題なく入れました。いや〜〜〜。パリらしい、小さなビストロです。気兼ねなく、安心して入れます。ラフな感じのお店ですが、店内はわりと広いんです。大げさではなく50人くらいは入れます。というか、詰め込むことができます。この人数を3人のホールスタッフ（親子3人）で回しています。非常にテキパキと仕事をしていますが何気なくテーブルに注意を向けていまして、お皿が空いたらすぐ下げてくれるしスパークリングワインも注いでくれる。さすがに忙しいのでしょうが……。見ていてほれぼれします。フランス人もここまで仕事をするんだ……（失礼）……と思いましたよ……。

　パリのレストランでは普通なのですが、テーブルも狭いし小さい。椅子もコンパクト。これでもか！！！と店内に詰め込まれるのですが、それでも何ら違和感はないんですね……。これはなぜでしょうか？　日本であんな感じで詰め込まれたら、ぜったい「狭〜〜い」と大苦情でしょうね〜〜。

　フランスは、食べ物は一言「おいしい」（ところが多い）ですね。旅先で美味しい物に出会うと嬉しいですよね……。海外に行くとなかなか口に合った料理は出てこないんですけれど、フランスは非常に高い確率で美味しい物に出会えます。だからフランス大好きなんですけれど……。地方に行けば地方料理に出会えます。リヨンとかね。地方の食事をぜひ楽しんでください。

　あっ、そういえばモンサンミッシェルのオムレツが有名ですよね……。

その32　夜のパリの魔法　エッフェル塔のライトアップ＆……

でも出かけた方から聞いた話ですが、あんまり美味しくないそうです。これなら、現地の海鮮料理の方が断然美味しいという話を聞いたことがあります。正直私はモンサンミッシェルには出かけていないので何とも分かりません。でもこのオムレツ、日本の「醬油」を持参するといいらしい……。(脱線)

　今回のこのフォアグラのお店は大正解！！！　コストパフォーマンスも大変良いですし、何より美味しい。私どものテーブルは「ワイワイ！！ガヤガヤ！！」男性は私1人で残りは女性……。それでも、スパークリングに赤ワイン。白ワインとお酒の量は進むし、お料理もどんどん減っていきます。大勢で行ったので、いろいろな種類のお料理を堪能しました。ホントに良かったです。

　さて、食事を終えますと、さすがに21時を回りまして、22時もまわろうとしています。やっと暗くなってきました。22時にはまだなのですが、23時になるとエッフェル塔に大変素敵な事が起きます。皆様ご存じですよね〜〜？？
　このレストランの場所はエッフェル塔が目の前にある場所でございます。つまり、ホテルに帰る具合の良い地下鉄の駅から多少遠い。でも天候もいいし、程良く「酔っぱらって」いますので、なんとなく皆様もそぞろ歩きを堪能したいんじゃないかな？と思いまして、半ば強引にセーヌ川方

向に歩き出しました。左手にエッフェル塔を眺めながら、セーヌ川に向かいます。

　途中で、ジェラートをほおばったり、真下から写真を撮ったり、残り少ないフランスの時間を身体に刻み込んで行きます。さすがに皆様お疲れのご様子ですが、ここは強引に……。セーヌ川を渡りましょう～～！！！と何気に、にこやかに……。トロカデロ庭園を通ってその先には、階段があるのですが、登れば昨日来たシャイヨー宮です。ここから見るエッフェル塔は何度来ても素敵な場所です。

　ふうふう言いながら階段を登り終わると、到着時間22時50分！！　あと10分です。あと10分すればとても素敵なことが始まります。ご存じの会員様もいらっしゃるのですが、この素敵な事を知らない方の心の叫びは「も～～う疲れた！！！　いったいどんだけ歩かされるの～～！！！　しかももう23時じゃんか～～～！！！」という心の叫びが聞こえてきます。しかもここは昨日も来たじゃん！！

　でも興津選手は、心を鬼にして階段をのぼらせます。（登っていただきます）いよいよやっと上段について「は～い皆さん。ちょっと疲れたでしょう～～？　ここでしばし休憩ですよ～～」とほほえみながら、にこやかに……。ご存じの会員様は、ニタニタしています。でも声に出さないんですよね～～。（ご協力していただいています）まあ、夏場ですから寒くはないし、ほろ酔いの酔いざまし。適当に時間を費やしていただきます。ここでも興津選手は皆様の背中が見える場所に陣取っています。ここは本気で

その32 夜のパリの魔法 エッフェル塔のライトアップ&……

スリの多い場所ですし、夜中の11時。正直時間が時間ですから、注意するに越したことはありません。

　23時00分です。
　まわりからいっせいに歓声が上がります。たくさんの方々が見物に来るのもわかります。あのエッフェル塔全体が「キラッキラっキラッキラっ」とフラッシングするんです。これは残念ながら言葉では言い表せません。見るとわかります。見たことのある人は「あれは綺麗だよね」と言ってくれると思います。
　先ほどの心の叫びの会員様も、固唾をのんで集中してご見学です。というか、固まっています。今までの疲れは一瞬にして吹き飛んだみたいな感じに見て取れます。「してやったり」。今度は興津選手、心の叫びでございます。
　これは15分間（だと思った）続くんですが、実はこの時間が終わると、広場の人間がいっせいに動き出すんですよね……。ですから、10分経過あたりで、帰りの行動を取らねばなりません。そこで興津選手は「それではみなさ〜〜ん、もう23時回りましたから帰りましょう！！！」と言っ

ても一向に振り向いてくれません。

　だから早く帰ろうよ〜〜。

「みなさん行きましゅよ〜〜」これでも駄目……。

「いい加減帰るぞ〜〜〜」と心に秘めながら、帰りましょう〜〜！！！と声を荒げそうになっても……もうテコでも動きません。「しまった！！！！」時すでに遅し……。

　フラッシングタイム終了〜〜〜！！！　大変だ〜〜〜〜〜〜！！

その33

タクシーさんお願い……

　大変な事になりました……。エッフェル塔のフラッシングタイム終了でございます。

「だから早く帰ろうよ〜〜」って言ったのに……。（確かにあの風景を見たら誰でも動けなくなっちゃうんですけどね〜〜）いっせいに、人類大移動でございます。大型のバスに乗り込む集団やら、地下鉄にまっしぐらの団体。相当な大人数がいっせいにわれ先にと動き始めます。われわれは、こ

その33 タクシーさんお願い……

の時間ですと地下鉄は非常に心配なので、タクシーに乗り込むことにしました。

しか〜〜し！！！タクシー乗り場がわかんない？？　多分どこかにあるよ……。と高をくくっていましたが、本気でわからん！！！

パリでは、流しのタクシーさんはほぼ停まってくれません。昼間の暇そうな時間に大荷物を抱えている時くらいなら、もしかしたら何とか停まってくれるかもしれませんが、この大人数でワイワイやっている時ですから、ぜっ〜〜〜たいに停まってくれません。お〜〜いタクシー乗り場はどこじゃ〜〜〜！！と途方にくれていましたらさすがに当社の会員様です。見っけてくれました！！「さすが！！！」ブルーの看板にタクシーと書いてある何の変哲もない小さな看板でございます。やったね！！とその場所でタクシーを待つ算段でございます。

でもね〜〜〜。さすがに23時を回っていますので、タクシーさんもなかなか回ってきません。

や〜〜っと1台来ました。首尾よく停まってくれます。僕たちの会員様も複数様ですので、1台では行けません。助手席の窓が開きますので、ホテルカードを提示してこのホテル行ける？と聞くと、「大丈夫だよ〜〜！！」という感じで、親指を立ててくれましたので、会員様4人様に先にお乗り込みいただきました。

ここで一言、「4人乗り込んだので、メーター料金より多めに取られま

197

すよ」と先の会員様にプチ情報を差し上げつつ、「ではここでお休みなさい～～」と１台目をお見送りしました。ほどなくしてもう１台停まってくれましたので、先ほどと同じように助手席の窓からホテルカードを提示。ＯＫ？とか言ったら、乗りな！！ってな感じで乗り込ませてくれました。

　いや～～～長い１日でございました。あとはタクシーさんに揺られてパリの街並みを車窓から楽しみながら、パリ市内を横断していきます。パリの夜景です。夜のパリもそれなりに楽しめます。セーヌ川のほとりを、実は相当なスピードで突っ走っていきます。フランスの運転手さんは運転お上手！！　感心しきりでございました。

　ホテルに着きましてタクシーさんの精算を終え、三々五々部屋に向かいます。これからゆっくりとアロマソルトバスに浸かりながら、明日への英気を養います。

　ここで脱線ですが、当家の奥様「山の神様」はバスソルト・バスオイル等を自宅で使うことを嫌います。なぜなら、「バスタブが痛む！！」というのが理由でございます。（そんなことはないよ～～と思いつつ、従順に従っています。確かにバスタブの掃除一つしない興津選手ですので……ここは従順に）ですから旅に出ますと、興津選手はバブルバスにするとか、ソルトバスにするとか……思いどおりのバスタイムを堪能することにしています。

　時には、バブルバスの入浴剤を現地ハーブ屋さんで購入して、自分で人体実験をしたり、ホテル備え付けのバスソープを思いっきりバスタブにぶ

その33 タクシーさんお願い……

ちまけてシャワーで思いっきり泡だてて……「し・あ・わ・せ・！」。

　先日は当社の材料でしつらえた持参のバスソルトを適量バスタブに入れて熱湯を差し込み、しばらく置いてから適当な温度のお湯を差し込んで入浴タイム。かき混ぜると速攻で溶けだしてくれます。これは冬の時期が良いかもしれません。全身が温まりますよ。

　西洋のバスタブは浅いので、なかなか全身を湯船に入ることはできません。肩まで浸かると膝小僧がお湯から出るし、足を全部入れると肩は出てしまう始末です。これを交互に何回か繰り返してなんとか身体が温まったら、お湯を流して熱いシャワーで全身クレンジング。これも良いでっせ。

　ついでに脱線……。フランスのお水は「硬水」なので洗髪すると髪の毛などはごわごわになります。ですからフランス人はシャワーで毎日は洗髪しないそうです。だから「香水」の文化が花開いたのかもしれません…。

　「バスソルト」という「し・あ・わ・せ・！」なバスタイムを経験したのち就寝でございます。「お休みなさ〜〜い」。

　さて、朝になりました。あの時間に寝たのですが、（午前１時ごろ）現地時間の５時には目が覚めてしまいます。これも時差ぼけの一種か、あるいはツアーの重圧からか……。ともあれレセプションに向かいます。そうしたら、毎朝のことですが「橋本」さんはもうスタンバッテいます。本当に頭が下がります。実はもうすでにお出かけになった会員様もいらっしゃるそうです。（陰の声：ホントに元気だな〜〜日本の女性は……）

橋本さんと打ち合わせという談笑をしてレセプションにおりましたら、とある会員様がお出かけの準備を整えて朝食会場にお出ましです。

　私も朝食をご一緒させていただきました。このホテルの朝食は、（まあヨーロッパ全体でそうなのですが……）バイキングでございます。このホテルは大きいので、朝食会場も大きな場所でございます。おおよそ飲み物はコーヒー・紅茶・ミルク・オレンジジュース・キャロットジュース・ミネラルウォーター。フランスはコーヒーが美味しいです。イギリスは紅茶ですけどね。

　食事はバケットにクロワッサン。サラダにソーセージ。ベーコン・スクランブルエッグにポテトサラダ。シリアルにフルーツ。という非常にオーソドックスなメニューです。興津選手はヨーロッパの場合おおよそ野菜の摂取量が減るので、フルーツポンチにノンシュガーのヨーグルトを山盛りかけて一皿取ることとしています。

　さあ、今日も燃料チャージ終了。本日はご一緒の会員様とお出かけすることになりました……。

その34
興津選手の適当な（良い加減(イイカゲン)）な観光案内

　ということで……。（どういうことでなんだ？？！！）今回のツアーの最終日となりました。今日1日でパリというか、フランスともおさらばでございます。最終の1日は当社スタッフさんもお休みというか、まるまる自由時間にさせていただいております。今回のツアーの皆さまも全く手間がかかりません。（おいおい！！表現に気をつけろ！！お客さまだぞ！！）でも本当に皆様三々五々パリの休日をお楽しみでございます。

　興津選手は、まだまだ時差ボケが取れずにいまして早朝5時ごろからホテルのレセプションで楽しみつつお客様をお見送りし、また別の会員様とバイキングの朝食を取らせていただきました。

　その際に出た提案です。

（興津）　　「午前中はモンマルトルの丘は比較的治安が良いのでお勧めですよ」「サクレ・クール寺院は尖塔まで、別料金ですけど登れますよ」

とお伝えしましたら、

(会員様)　「そうですか……。私たち午前中のしばらくはノープランなんです……。行ってみようかしら……」
(興津)　「僕も午前中の早い時間はノープランですからご一緒に参りましょうか？」
(会員様)　「いいんですか？それじゃ〜〜そうしましょう！！」

　ということで朝食もそこそこに、ご一緒にお出かけすることになりました。興津選手もいい加減なもんですからガイド本も持たずにお出かけです。確か…ムーランルージュのそばの駅からいけるよね……。プチトランもあるし…ってなほとんどいい加減な状態でお出かけでございます。(さも良く知りの態度で……)

　着きました、アベス駅です。あれ？？ムーランルージュがないぞ……。プチトランもない……。(これはBlanche駅〈2号線〉です) あれれ……。クリシー大通りじゃないし……。坂上の方向に行けばサクレ・クール寺院が見えるはずなんだけど……。いきなり迷いました。持っているのはホテルでくれるパリの市街地図のみ……。あれ？？おかしいなこの辺なんだけど……。

　確かにアベスの駅はモンマルトルまで一番近い駅なんですが、まるで住宅街の真ん中に出てきた感じの駅ですし、通りも余り広くありません。従って、建物が混み合っているのでサクレ・クール寺院も見えません。会員様に悟られないように、「ちょっと朝が早いんで(朝9：00ごろです)カフェ

その34　興津選手の適当な(良い加減(イイカゲン))な観光案内

でお茶でもしません？　これもよい経験ですよ」ってな言葉を吐きつつ、目の前にあったカフェに飛び込んでみました。

　日本流にいう「モーニング」の時間ですと、わりとご近所の方々が通勤前にカフェとクロワッサン的な朝食を取っている場合が多いんですが、ここは住宅街の様相で一通りの朝食ラッシュが終了した後らしく、店内には「お爺さんが、何気にコーヒー片手に新聞に目を落としている」というパリの雰囲気バッチリの落ち着いたカフェでした。

　ここで、興津選手は、「やっぱりパリはコーヒーですよ……。なんぞとウンチクを垂れつつ、カフェオレを注文……。(なんじゃそりゃ！！)会員様も面白がってフルーツとかお菓子のセットを頼んでみたり、日本では飲めそうもない「ほにゃららジュース」(忘れた)なんかを頼み、ほんの30分前にホテルで朝食を取ったことは忘れて、パリの町中の小さなカフェでまどろむことにいたしました。

　ただ～～～し、興津選手は気が気ではありません……。モンマルトルに来たのに、サクレ・クール寺院が見えないんですから……。それとなくトイレに行くふりをして、冷や汗の滴る右手にパリの地図を握りしめカウンターにそれとなく赴き、一言「サクレ・クール寺院はどっち？」と確認です。そうするとカフェの店員さんが「店のハス前の道をどんどん登りな！！そうすりゃ着くよ」と教えてくれました。まあこちらも３人でコーヒー飲みながらのお客さんですから、丁寧ではないものの、ぞんざいでもなく教

えてくれました。こうなりゃ興津選手も無敵です……。

　旅の基本は「なんとかなるさ」としている興津選手ですし、パリジャンに教えてもらったんだからここはもう無敵です。席に戻りまして、夏とはいえ、北海道より緯度の高いパリですからそれとなく涼しい……「イエ‼　うすら寒いパリをさまよいながらの朝ですので」カフェが沁みます。こういう何気ないパリのカフェとか風景も素敵ですよね……などと強引にお茶をしばいてから、「ラデシオン　シルブープレ」などと唯一通じるフランス語を試しつつ、お勘定を済ませて「ではそろそろ参りましょう」とか言っちゃってお店を出ました。

　教えられた小道を登っていくと、まあとにかくサクレ・クール寺院は丘のてっぺんですから登ぼりゃ着くんですよ。(適当さ加減…爆発)それでも、程良いパリの裏町を散策し、それなりにいろいろなお店やさんも開店でございます。そこにマカロン専門のかわいらしいお店がありました。

　なんでマカロンってあんなに高いんでしょ‼　卵白を固めたもんでしょ？　いつも思うんですが「高いよね！」。でもこのお店は理解できる価格でした。興津選手は別にマカロンは好んで食べませんからどうでもいいんですが、さらに当家の山の神様はほとんど口にはなさいません。

　でもお店作りもかわいらしくて、楽しそうで、小綺麗で、さっぱりとしたお店でしたので思わず入ってしまいました。会員様もご一緒でございます。いろいろな味のマカロンがガラスケースの中におさまっています。空

その34　興津選手の適当な(良い加減<ruby>イイカゲン</ruby>)な観光案内

色・ブルー・濃紺・黄色・ミモザイエロー等々いろんな色がガラスケース一つ一つにおさまっています。

　多分その前に書いてある象形文字はフランス語で、なんとか味とか書いてあるんでしょうけど、そんなの関係なく……。指さして「一つ頂戴」って日本語で言ったら、紙に包んで一つ出してくれました。お勘定したけど一つ50円位だったと……。食べてみましたが、感激するほどの味でもありませんが、それなりに美味しかったです。会員様も「ここは安いわ…」とかおっしゃって、「お土産にしよう…」と結構大量にお買い求めでした。

　こんなパリの裏路地もいいですよね……。(お店の場所？　店名？　そんなのわかんな～～い。聞かないで頂戴！！　アベスの駅からサクレ・クール寺院に向かえば左手にあるわよ……たぶんノルヴァン通りですわよ……)

　という頓珍漢なことをしながら登っていきましたら、やっと目の前にサクレ・クール寺院の登場！！　そして眼下にはパリの街並みが広がっておりま～～す。

その35
清々(すがすが)しい朝のモンマルトル
「サクレ・クール寺院」

　サクレ・クール寺院まで着きました。パリのお馴染みの風景が足元に広がっております。朝の清々しい空気をたたえながら、寺院は慄然とその全貌をパリ市内に映し出しています。いつ来てもこの空気感はいいですね〜〜。特に朝の時間は最高です。皆様お出かけなら朝のうちにお出かけをお勧めいたします。

　というのも、この場所に近づくためにはパリで一番といっても過言ではない「デンジャラスゾーン」(Blanche駅からPigalle駅〈2号線〉へ向かう、クリシー通りの近辺はご注意くださいませ〜〜)を通過せねばならないという事情もございます。(こらこら……。誰ですか……それなら行ってみよう！！なんて言っている殿方は……)新宿の歌舞伎町より危ないですよ……。もうお昼以降は近付かないでくださいませ。好んでデンジャラスな体験をされたい方はどうぞご自由に……。

その35　清々しい朝のモンマルトル「サクレ・クール寺院」

　この寺院の裏手の広場には、似顔絵を描く方々たちが大勢巣くっています。似顔絵を描いてもらいたい方は試してみるのも一興ですが、頼む時には事前に値段交渉をしておきましょう。ふっかけられてもつまらないですからね〜〜。

　また、パリの風景を描いた絵も結構売っていますので、（お土産程度のものですが）これはこれではるばる地球の裏側から来た日本人を満足させてくれます。覗いてみたらいかがでしょう？　これはこれでお土産にもなります。軽くてよいお土産だと思いますよ。

　この近辺でのお勧めは、何といっても「カフェ」です。この広場を囲んで、カフェがたくさんあります。日本流でいえばモーニングサービスみたいな軽食も出してくれたりしますので、似顔絵を描いている人と描かれている人を見ながら、カフェオレなどをすすりながら、パリの空気感に浸るのもお勧めでございます。

　以前に出かけた時に、一軒のカフェに飛び込んで、パンケーキみたいな薄焼きにしたものに、とろーりの目玉焼きをのせた物を食べている人を見かけましたが、そりゃ〜〜美味しそうでございました。たぶんギャレット（ガレット）ですね。

　また、東方向の坂をちょっと下りかかったところの右側に、レストランもあります。ここがまた風情のある店構えでして一度入ってみたいな〜〜〜と思うお店でございます。

「LOVE」をテーマにした壁「Wall of Love」も近くにありますので、お探しになるのも良いかもしれません。世界中の言語で「愛しています」という表記が壁中に書かれています。最近情報番組で知り得た情報でございますが、確かビートルズのジョンレノンのイマジンという曲がテーマだったかな？？（いい加減な情報ですみません……）日本語の「愛しています」もありましたよ。（正直に告白しますが、今回 Anvers 駅〈2号線〉に行くつもりが Abbesses 駅〈12号線〉についてしまいました。でも最近ではこの Abbesses 駅の方が有名かもしれません。この「Wall of Love」は、駅前のアベス広場の先の公園横にある建物にあります）

　因みに、イマジン！！興津選手の大好きな曲です。よくカラオケで、周りのお客様の顰蹙をいただきながらも、歌ってしまう曲です。最近では、ダイアナロス「If hold…」とかスティービーワンダー「心の愛…」なども好きですけれど……。（また脱線）

　ということで、会員様にさっそくサクレ・クール寺院にご入場いただきまして、興津選手は階段の上でひとりたたずんでみました。遠くにエッフェル塔が見えたり、モンパルナスの高層ビルなんかも遠景に見えたりします。そうです！！皆様！！写真とか映像でご案内のあの風景を一人占めしている大変気持ち良い時間をた〜〜〜っぷりと堪能させていただきました。
　この朝（9時すぎごろ……）いや〜〜大変多くの観光客が階段をフウフ

その35　清々しい朝のモンマルトル「サクレ・クール寺院」

ウ言いながら登ってきます。寺院を背にして右側には、登山エレベーター（フニコラーレ、つまりケーブルカーです）がありますのでご利用ください。確か〜〜有料だったと思いますが……。

　この丘まで登ってくるその他の方法なら、初めてならプチトランが走っているのでこれをご利用になるのもお勧めです。この寺院の近辺を颯爽と走り抜け、パリ市内唯一のブドウ畑を横目にしながら、風景を楽しみつつゆられて行くのが一番よいのではないでしょうか？　往復のチケットだったと思います。地下鉄の駅あたりから出ていますので、探してみてください。クリシー通りのBlanche駅ですね。Blanche駅には、あのムーランルージュがありますので、確かブランシュだと……。徒歩で登ると、そこそこ大変でございます……。

　さてさて、階段の上にただずんでおりましたら、会員様も教会からおいでになりました。そこで、「この寺院の尖塔まで登れるんですよ……」とプチ情報を差し上げましたら、「わー行ってみたい！！」という落ちでございます。興津選手と同じで…まあ「○●と煙は高い所が好き」でございまして……（オイ！！オイ！！会員様だぞ！！言葉使いには気をつけろっちゅうの！！！）……それでは！とご案内でございます。

　入場口は少し解りづらいところにあります。寺院を正面に見て、左手に巻き込むように進んでください。建物をなめるように左手に進みます。決

して道路ではありませんのでご注意を！　そうしますと、地下一階に降りていく、薄暗い階段があります。

「エ～～～こんなとこ行くの！！？？」と多少不安になる薄暗い所です。朝ですと多分人は並んでいないでしょう。そこを「えいや！！」と勇気を振り絞って降りて行きます。階段を下りると右手に曲がります。そこにフランスでは珍しい自動販売機があり、ここでチケットを購入。確か記憶によると5ユーロだったかと……。そのチケットを購入し、機械に差し込むと3本バーがクルリと一人分回転します。そのまま吸い込まれてください。あとは一本道。

せまーい階段をひたすら登ってください。これも面白い経験でございます。バルセロナのサグラダ・ファミリア教会も尖塔に登れますが、そこはエレベーターです。が、このサクレ・クール寺院はひたすら「人力・人足」で登らざるを得ません。まあ一度は良いですけど、二度三度と足を運ぶ所でもございません。あの凱旋門も人力で登りますので一緒ですが……。

人1人が登れる空間です。後戻りはできません。ともかく登りしかありません。頑張ってください。一方通行・引き返せません。（凱旋門もそうです）

会員様に階段場所をご案内して、チケットの購入！入場まで見届けまして、ここで別れることにしました。ここから先は、当家の山の神様からの重要なお買い物のミッションが待っています。

このミッションを達成することにより、興津選手の日本国内での生活の

安全保障が満たされることになります。このミッションを外しますと、これから先の半年程度（次回にパリに出かけるまでの間）に身体生命の安全は全く保証されない！！というほどのミッションでございます。

　イエイエ！！お買い物とは、ル○ヴィ○ン、カ○チェ、エ○メスなどブランド品のお買い物ではございません。もっと身近な食材のお買い物ミッションでございます……。

その36　「山の神様」よりのミッション（ご下命）

　旅も最終章に入って参りました。本日のミッションはハーブ屋さんの定点観測所の視察に、ランチで会員様とご一緒に会食。さらに当家の「山の神様」からのご下命である重要ミッションをクリアするという１日。そして最後の夕食は「ムーランルージュ」の夜となりました。これで今回のツアーミッション・オールオーバーになります。（最終日の早朝もありますが……とりあえず終了〜になります）

　さて、サクレ・クール寺院にて会員様と切り離れまして、１人でパリの

街中にリリースです。以前に本当に1人っきりでパリに入りホテルを引き払い、手荷物をホテルに預けて夜の最終便までの時間を過ごしたことがありますが、(パリ市内を20時ごろまで徘徊できます) この時は実に寂しかったですね……。まわりを見ても知人は1人もいませんし、ホテルの部屋でくつろぐこともできません。こういう時は思い切って現地の日系ツアー会社のオプショナルツアーを購入するもの良い手ですね……。(時間までは責任を持って遊ばせてくれます) 時間までには切り離してくれますのでそれからホテルに戻ってスーツケースをピックアップし、一路CDGまで行けば良いわけですから……。

　さて、サクレ・クール寺院を朝10時ごろ出発です。まず坂を下りましてお土産屋さんとか、この辺りは生地屋さんが多いんですが、そんな店先を散策しながら地下鉄の駅まで参ります。ここから先はいつもパリに行くとチェックをしているハーブ屋さんがありますんで、そのお店を目指して参ります。実は数件あるのですが、一軒精油の専門店さんがなくなってしまっていました……。(残念)

　今回は1人ですので、気軽にベリブを借り出しまして、パリ市内の散策兼移動に使います。これは便利なものでございます。カルチェラタンからサンジェルマンデプレあたりもホントに良いですね。

　個人的にはエッフェル塔の西側15区あたりの住宅街を散歩するのも好きです。実はこの辺りって、美味しいビストロさんが集まっていたりしま

その36 「山の神様」よりのミッション（ご下命）

すので結構いいですよ……。

　あとね、11区の近辺には運河があるんですよ。その運河には船が行ったり来たりしているので、その風景を見ながらランチも良いですよね。République駅（3.5.8.9.11号線）からGoncourt駅（11号線）の中間点くらいにその運河はあります。その運河は暗渠(あんきょ)になっている所があり、まるで運河のトンネルです。

　そしてこの運河のトンネルからセーヌ河に出るためには、水位が異なるので、片方から入って一度運河を堰(せ)き止めて、もう片方の堰き止めている方向の壁を開けていくと水位が上がったり、下がったりして船の運航ができるという仕組みです。スエズ運河を思い出してみてください。

　水面を低くして出て行きますし、運河に戻る時は水面を高く調整していきます。この辺はお勧め観光ポイントです。一番風情があるかな〜〜？と思うのは「デュ橋」ですかね。以前にピカソ美術館の帰りに寄ったレストランですけれど、ランチをするならこの橋の目の前にあるレストランはおいしいですよ！　何気にお勧めです。

　店名：「La Marine」

　場所：55 bis Quai de Valmy 75010 Paris

　電話番号：+33 1 42 39 69 81

改装中のフォション本店

パリ市内のレストラン

さて、その後にこのツアー唯一の男性参加者さんのご夫婦さんと、最後のランチをご一緒させていただくことにしてありましたので、そのお約束の場所に向かうことにしました。その場所はマドレーヌ寺院の裏側のフォションの前（決してフォションさんのレストランさんに行ったわけではありません）で待ち合わせです。

さすがです、こちらの会員様も非常に旅慣れていらっしゃいまして、時間ぴったりにお2人でお越しになりました。向かいますのはフォション本店を右に曲がりましてすぐ左折。その道沿いの左手に「トリフュ」料理のお店が見えて来ます。実は東京六本木にも支店があるお店の本店ですが、そのお店に向かうことにしました。

これは興津選手の勝手なお勧めなんですが……。ランチが良いです。さほど高くはありませんが（残念ながら安い！！とは参りません）おいしいし、適度なボリューム。そして当然ワインもあります。

その36 「山の神様」よりのミッション（ご下命）

　ここで今回大変お世話になりました、唯一の男性会員さまにお礼をさせていただきました。この会員様はお帰りの時にはトリフュ入りのオリーブオイルをお土産でお買い求めでしたね。上品なお店で静かにパリのランチを楽しめました。僕もお礼をもらっちゃったりしちゃいましたけど……。「ありがとうございました」お礼を頂いたので申し上げるわけではありませんが、とても素敵なご夫婦でございました。

　店名：「Terres de Truffes」
　場所：21 Rue Vignon 75008 Paris
　+33 1 53 43 80 44

　さあここで切り離れまして、当家の「山の神様」のご下命のミッションの遂行を求められています。今回のミッションもややこし……。このミッションの名前は「パリ市内、バケットトラディッション買いまわり（漁り）ツアー」でございます。
　最近日本国内のテレビ・雑誌等で「パリの裏路地のパン屋さん」みたいな特集があるでしょ？　あれ困るんだよな～～。テレビ欄で見かけると、録画をし、削除不能にしておいて私に見せます。「パリのテレビがあったから録画したから～～」とか言っちゃって、さらに「消さないでよ～～」という発言の中にも、確認しておきなさいよ！！というプレッシャーサイン。当家の山の神様は「買ってきなさい」的な発言はないのです……。その時は。つまりこれは、このパン屋さんのパン、食べてみたいな～～！！！

というブロックサイン。ではなくてボディランゲージというか、「山の神様」の啓示でございます。イイエ決して逆らえません……。

　雑誌等ですと、出張が近づきますとさりげなく、（本人はこういう表現をしますが）私にすれば仰々しくその雑誌はダイニング机の上に鎮座しています。ここでも本人の口からは「食べてみたい。買ってきなさい！！」的な発言は一切ないんです。

　確かに。確かにこの発言はないけれど、このご下命に逆らったら、（買って帰らなかったら）その後の半年の興津選手の生活がままなりません……。山の神様からの「啓示」でございます。

　ここは無理をしてでも買っていかねばならない状況に、日々、日ごろから押し込まれているわけで……。（まあこれは、興津選手の毎夜毎夜・日ごろの行いのせいでもありますが。自覚あり）

　しかもですよ！！パリ市内にいたるところにあるその辺のいい加減なところで買って帰っても、一言「美味しくない…」とばっさり。そんな時はこっちにも「今回のバケットおいしくないわよね〜〜。どこで買って来たの？」と手抜きをしたのね的な視線と発言。つまり「とばっちり」がきますので、ここは地下鉄を2本乗り換えようが……。駅から遠かろうが……。何が何でも買って帰らねばなりません。評判の良い、テレビ・雑誌などで紹介された所のパン屋さんでなければならないのです。

　これは「マスト案件でございます」1カ所のパン屋さんで、3本のご購入。

購入するのは「バケット　トラディッション」つまり１番シンプルなフランスパンです。これを１軒につき３本。紙袋に入れてくれるお店もあれば、手に持つところのみを紙でつつんでくれて渡されます。この紙に店名とお値段を書き込んでおきます。（つまり値段対比で美味しかったらこの紙袋等を保存しておいて、次回も必ず買ってこい！！というミッションを発効させるために必要な重要情報なのであります）

　今回は５カ所、都合15本のバケット購入散策で午後を費やしました……。こればかりは外せないミッションでございます。まぁお安いと言えばお安いお土産ですが……。だいたい１本１〜1.2ユーロでございます。

その37
謎の呪文「バケットトラディション・トロア・シルブープレ」

　「バケットトラデイション・トロア・シルブープレ」この呪文を覚えておいて下さい。この呪文をパン屋さんで言うと、いわゆる普通のフランスパンが３本出てきます。

　日本と違ってビニールの袋に入っているなんてことはぜった〜〜い〜〜

その37　謎の呪文「バケットトラディション・トロア・シルブープレ」

にありません。紙袋に入っていればまだ「良し！！」です。時折手に持つ所のみを紙で包んで渡されますから……。

パン屋さんはわかりますよね……。「魔女の宅急便」でキキちゃんが「店員さん募集」の張り紙を見つけて飛び込んだお店です。だいたいあんな感じのお店ですので、表から店内を覗きこむと解ります。

ついでにいえば、お菓子屋さん（ケーキ屋さん）のショーウィンドゥは綺麗ですよ。これは本気で綺麗です。みるからに「美味しそう〜〜」なケーキが、色華やかにディスプレーされています。あれは食べちゃだめでしょ？？と思うくらいに綺麗に飾ってありますし、ケーキもでき上がっています。実は買ったことはないんですが、お値段高いのかな〜〜？

パンも色々ありますよね……。でもシンプルな「バケット トラディション」は安いです。まあ日本風にいえば、白飯のおにぎりを買ってくる、という感覚かな？　サンドイッチを作る素材ですし、基本形の食べ物ですよね。だからその意味で言うと「白ご飯」となるわけでして、サラダとかディッシュをおかずにしてパンを食べる。一汁一菜をおかずに「白ご飯」という感覚で正しいと思うんですよね。

ここは当家の「山の神様」とご意見が食い違う点でございまして、彼女曰く「このバケットというフランスパンはその単体存在で、その存在は完成している」というご意見でございます。もうそれだけで美味しい！！と喜んで食していらっしゃるわけでございます。

ただし最近では、メープルシロップ付けがお好みのご様子でございます。ただ、しか〜〜〜し！！！！これは「美味しいパンに限る」そうです。私から言わせれば、どれも同じパンですよ〜〜〜。確かに美味しいパンは解りますが、パンのみでランチ終了！！とは行きませんぜ……。

　パリの町中で、それこそ老若男女がパンを片手に道を歩きながら、バケットをつまみながら（食べながら）颯爽と街を闊歩されていますが、またこれはこれで絵になるのがパリですよね……。

　これと同じことを新宿・歌舞伎町、大阪・道頓堀、福岡・中州、札幌・ススキノあたりで日本人が真似をしても、ぜ〜〜〜ったいに「似合いません」。また若い女性ならいざ知らず、お腹のふくよかな「おじさん」がハンチング帽子をかぶってこの真似をしたら、正直みすぼらしい……。でも、パリではどんな人がやっていても街に溶け込んでいたりしますよね……。

　興津選手から見れば、町中で歩きながら「塩にぎり」をほおばっているようなもんですから、いつも「どうしたもんかな〜〜」と思って眺めていますけどね……。

　最近の日本のお茶の間にはこういう類(たぐい)の情報が流れて来ます。曰く、本年度のバケットコンクール優勝者のお店はここで〜〜す！！！みたいなやつです。正直、はなはだ困る……。以前はパリの台所といわれている町に出かければ、そこには「パン屋」さんが5〜6軒密集していますので、その近辺をひと回りしてくれば予定数量にたどり着く事ができます。そうで

その37 謎の呪文「バケットトラディション・トロア・シルブープレ」

す！！　予定数量は1軒3本。合計15本以上という決まりがあります。
　つまり5軒以上のパン屋さんをハシゴせねばならない状況に追い込まれているのですが、最近では「このパン屋さんのをたべてみた〜〜い」とテレビの前で「独り言」。いいえ！！確信犯的に興津選手に聞こえる様に「独り言」。しかもその番組は録画をしてあり、消せないようにしてあるという念の入れよう。
　またテレビ・雑誌など情報に出てくるパン屋さんが、パリ市内の東西南北にポツンポツンと点在しているものですから、地下鉄を乗り継いで「パン」の購入への長旅に出ることになります。どんなに早く回っても同じ方向の2〜3軒を回っても、往復1〜2時間はかかろうという代物……。
　そりゃテレビの前で見ている分には「おいしそ〜〜」と、のたまわっておいでですと、自然とそのパン屋さんの1日遅れの焼き立てのパンがパリからデリバリーされるわけですから、「こりゃたまらん。♪ランラン♪」ですよね……。

　皆様に申しあげます。いくらパリに慣れている興津選手とはいえ、住所のみで初めての駅から出て、「右も左もわからん♪ラン♪」でテレビの画面の映像を頼りに買いまわるわけですから、この苦労をご想像ください……。ただ見つけた時は「やった！！僕の勘も衰えていないな〜〜！！」なんぞと一人悦に入っていたりします。それと、パリの町中でガイド本にも出てこない、パリジャンの生活の香りのする町並みを歩きまわるのは、

実は大好きなのでこれはこれでひそかに楽しんでいます。

　意外な発見もしたりします。なにせ外国人がほとんどいない地域で、一人でバゲットを買いあさっている日本人など気にもとめられません。この辺りに住みついちゃったんだろうか？くらいに思われていてちょうど良いですし、ビストロなんかも当たり！！っていうところに出くわすこともあります。レストランの見極め方は以前にも書き込みましたが、正直「勘」ですし「直感」かもしれませんね。美味しい物に出くわせば、それだけで「得した気分」になれますからね。

　買い回っていれば自然にお腹も空くし、今日は「興津選手・放牧の日」ですので、自由気ままに過ごします。当然ビストロでお昼からワインですし、一人でカフェの店先のテーブルを占領して、道行く人はほぼフランス

その37 謎の呪文「バケットトラディション・トロア・シルブープレ」

人しかいない名もなき場所でパリの休日を堪能でございます。パリの息づかいを楽しんでいました。

　でも〜〜〜さすがに15本になると重いですよ。。。今回はパリの市内から高速地下鉄で出かけ、ベルシーにホテルがありますのでちょっと時間がかかりますので、戻ることにいたしました。因みに15本といいますと、1番大きなスーツケースの半分がこのスペースで埋め尽くされます。夏場ですからこれができますが、冬場ではしんどいかもですね……。
　「本日の」ミッションめでたく終了〜〜！！（実は翌朝のミッションもあるのであります）
　最近よく興津選手が出没するパン屋さんは、La Tour-Maubourg駅（8号線）を出てグルネル通りに入って3本目のクレ通りを左折します。このあたりは、生鮮食品などを販売しているお店が立ち並んでいます。行くと面白いエリアですよ。精肉店があったり、鮮魚店やら青果店。(**口絵2頁写真**）ワインにチーズの専門店などがずら〜〜っと並んでいます。レストランも立ち並んでいますので、お食事にお出かけも良いかもしれません。一度そのうちの一軒のレストランに入りましたが、良かったです。見るからに、どのお店もおいしそうでした。その道を進んでいくとシャン・ド・マルス通りとの交わる角にそのパン屋さんはあります。お店の看板をみると「Ronde Des Pains」と読み取れます。
　そして、また別の地域の有名なパン屋さんなんですが、ここは本気でお

いしいです。パン喰いではない興津選手もここのクロワッサンサンドは本気でおいしいと頬張りました。おいしかったです。Jacques Bonsergent駅(5号線)を出て、ランクリー通りに入ります。イヴ・トーデック通りを右折。マルセイユ通りとの角になります。先ほど出てきました、運河の近くです。

　一度日本人スタッフの女性が奥から出てきたので、びっくりした事があります。

　店名：「Du Pain et Des Idées」（デュパン エ デジデ）
　場所：34 rue Yves Toudic 75010 Paris

　さあ、今晩はフランス滞在最終の夜でございます。会員様も思い思いにお過ごしですが、本日は希望者さんを募って「ムーランルージュ」にお出かけで〜〜〜す。

その38
パリのLAST NIGHT ムーランルージュ

さてさて、いよいよ今回のツアーの最終日の夜となりました。今回も

その38　パリのLAST NIGHT　ムーランルージュ

「ムーランルージュ」にオプションツアーとしてお出かけでございます。
　今は日本からでもネット予約が取れますので、ご希望の方は事前に日本国内からお申し込みいただければと思います。なにせ日本語での予約ですから便利です。カードで決済も取れますよ。
　パリの有名なキャバレーは、リド、クレージーホース、そしてムーランルージュでございましょう。1度お出かけになるのもお勧めでございます。
　私もわりと好きでして、お客様の同行……と（喜んで）何度も出かけております。洗練されたショーですし、見ているだけでも楽しいショーですね。女性の方にもお勧めです。
　食事付きの観劇ですと、1人にハーフボトルのシャンパンもついてきますし、まぁお世辞にも「おいしい〜〜〜！！！」という食事ではありませんが、それなりに楽しめる食事です。
　以前行った時は、ステージのまん前だった事がありました。ステージの真下から見上げる感じとなりましたので、首が痛くなってしまいましたが……。
　ということで、タクシー分乗で向かいました。総勢10名だったと思います。イザ出陣。

　ブランシュの駅近辺で周りをひとまわり眺めますと、ムーランルージュのあの独特な「赤い風車」が見えてきますのですぐ分かります。お店の前に行きますと、なんとなく「こわおもて」のお兄さんが、たいてい黒いスー

ツを着て眼光鋭くわれわれをチェックしてくれます。(くれなくてもいいのに)……そんなのかんけいな〜いというノリで店内に入って行きましょう。

　そうしますと、今度は本物のお店のマスターみたいな人が「にこやか」にお出迎えしてくださいます。ここでバウチャー(予約表)を手渡しますと、「ウィ…メルシー…」とか言っちゃって、にこやかに通してくれるのです。

　が！！アレッ？？なんかフランス語でまくしたてているぞ……。何言ってんだ？？？　どうしたの？？　とっとと入れてよ……。と、わけの分からない押し問答になってしまいました。

　そうしたら、お隣にいらっしゃった日本人のツアーガイドの女性が、思いあまって声を掛けてくださいました。

（ガイドさん）　　「どうなさいました？」
（興津）　　　　　「ありがとうございます。このマスターさんがなにかわ
　　　　　　　　　けの分からないことをいってるんで困っています」
（ガイドさん）　　「そうですか、ちょっとまってくださいませ」

とても感じのよい日本人の現地ガイドさんで、このガイドさんもご自身のお客様をお連れして入場しようとしていた矢先に、われわれ日本人が10人くらいで立ち止まっているので、ご自身の受付も進まない……。という状況でして、思いあまっての助け船を出していただけたところでございました……。(助かった〜〜〜ホントに)

　ガイドさん、くだんのマスターに　「！"＃＃＄＄％％＆'(())＝」

その38　パリのLAST NIGHT　ムーランルージュ

　　マスターさん　「！"＃＃＄＄％％＆＆"（（（（））））」
　　ガイドさん　「！"＃＄％＆（"％％＄＃"！）」
という会話がありまして、私に翻訳してくださいました。

　実は今回ご一緒させていただきましたお客様の中に、車いすをご利用の方がいらっしゃいました。ムーランルージュとしては人数分のお席は確保しているが、車いすとは聞いていなかったので準備した席では難しい……。従って、他の席を分割して取るけどそれでも良いか？ということらしいんです。（ホントに助かりました……）

　その席は4人と6人という配分でしたので、興津選手のとっさの仕訳で会員様にも納得いただきまして、別れての入場となりました。でもね～～～……。聞いてないよ～～～と言われても、申し込みする時にスペシャルな情報提供せよ……とは言ってなかったじゃな～い。と一人思っても、まあともかく入場はできるんだ……という思いが先に立ちまして、それでもムーランルージュに入場するんだ……というワクワク感で全員ニコニコ顔で入場でございます。この入場する時は、何度も行っていますがホントにワクワクしますよ。これぞ夜のパリだな～～～という感じです。

　さて、クロークを通過するとテーブルの係の方がついてくれます。うやうやしく、こちらへどうぞ……と手招きしてくれますので、後ろからついて行きましょう。堂々と行きましょう。あたかも「またムーランルージュに来てあげたよ！！」くらいの勢いで。

この係のボーイさんが最後まで面倒みてくれますので、なんとなく顔を覚えておくと良いでしょう。まずはお席に着きましたら落ち着いて周りを見ましょう。いえいえどうぞ、お好きに見てください。パリの歴史感を楽しむ時間でございます。ショーにはあの「フレンチカンカン」も出てきま〜〜す。

その39
ワクワクドキドキ ムーランルージュ

　さて、ムーランルージュに入ったぞ〜〜〜！！　まずは、お食事タイムです。コース料理が選べますので、お好みのコースを事前に頼んでおくと良いでしょう。3種類くらいのコースがあったなと思います。
　確かに通常のレストランではありませんから、本格的なフランス料理を！！とか、美味しい料理を！！とかをご期待なさらないでくださいませ。無茶苦茶「美味しい！！！」という料理ではないことは確かでございます。と言いますが、僕はそんなに「美味しくないよ〜〜〜」と思っているわけでもありません。結構普通に楽しんで食事しています。ちゃんとデザート

その39　ワクワクドキドキ　ムーランルージュ

　まで付いてきますしフルコースです。ムーランルージュのお店の雰囲気にも包まれて、楽しい時間でございます。
　このコースにはスパークリングワインも付いています。基本的には1人ハーフボトルなんですけど、ショーの時間までありますから、ワイワイやっているうちにどんどんあけちゃいます。今回もフルボトル1本追加しましたね〜〜。（笑）エッ？？？興津選手1人でではありませんぜ……。同席の6人での話です。つまり1人ハーフボトル。2人でフルボトル1本。6人ですので、フルボトル3本！　はもともと付いていますし、それにもう1本追加ということでございます。
　このムーランルージュの時には、お水（ミネラルウオーター）も頼むと良いでしょう。興津選手はいつも炭酸入り（ガス入り）のお水を頼みます。ショーが始まってからも意外に長い時間がありますので、その時に何も飲み物がないと非常〜〜に寂しいのでここはお水でもあると気分がいいですし、酔いざましにもうってつけでございます。これは良いですよ……。

　でね！興津選手が、生まれて初めてムーランルージュに本当に最初に行った時は団体入場で行ったのですが、ガイドさんが「このお店は飲み物でも非常〜〜に値段が高いので、新たな注文はしないでくださ〜〜い」と言っていたのです。でも〜〜何回か行きますと解るのですが、そんなにべらぼうに高い料金ではないと思います。
　じゃ〜〜〜どうしてその時のガイドさんはそんなことを言ったのか？

それは精算するのに多少時間がかかるということが原因でした。フランスのレストランは各々のテーブルでの精算となります。以前はクレジットカードの端末は持ち歩けませんでしたから、テーブル1つについていちいちレジまでボーイさんが行ったり来たりするわけでした。

　まず最初に精算書を持ってきます。その精算書を受け取り、料理とか飲み物とか金額をチェックしてカードを預けます。そうすると入り口レジまでボーイさんが走って行って、カードを切って精算書とカード精算レジレシートを持ってきます。そしてカードを受け取り、サインをして終わり。と多少手間がかかります。

　興津選手が初めてムーランルージュに行ったのは、すでに30年前ですので……。そしてその時は団体入場でした。自分1人のせいで団体行動に遅れてはいけないので、飲みたい物食べたい物をホントに我慢していたことを思い出します。

　今は違います！！　クレジットカードの精算は、テーブルの所でカード精算端末機で簡単に終わります。そしてその場でサインすれば「終了」となるわけでありまして、非常に簡単＆スムーズです。

　ではなぜ、その精算と後片付けの時間が大事なのか？というと、食事付きのショーが終わりますと、飲みものだけでのショーを立て続けにやるんですね……。つまりショーは1日2本立てということになります。ですので、最初のショーが終わる前までには、ほぼ全部のテーブルで精算を終え

その39　ワクワクドキドキ　ムーランルージュ

ています。

　最後にあの有名な「フレンチカンカン」が出てくるのですが、それが終わるころにはテーブルの上のお皿などもほぼ片付けが終了しており、あとはワインクーラーやグラスが並んでいる。というところまで仕上げておいて、終演になり観客が引きだしたら、さっさと…とっとと…完全撤収。並びに次のお客様入場への準備が急ピッチで行われます。

　ですから、終演後あまりぐずぐずしていると「まだいるの〜〜？？？とっとと出てってよ〜〜！！！」という無言のプレッシャーを浴びますので、早めに行動されるのが良いと思います。

　クロークのところもあれだけの人数の手荷物を預かっていていっせいに出てくるのですが、このクロークの荷出しのスピードはハンパないでっせ。本気で早いです。気持ちいいですよ〜〜〜。あの仕事。フランス人の仕事ぶりではありませんな〜〜〜。

　そして、ショーが終わってからの帰りはタクシーさんになります。（地下鉄でもいいのですが、スリが多くて……ここはタクシーさんで帰りましょ〜〜）タクシー乗り場に人だかりができますので、ここは早めにお店から出るのがオススメです。

　以前見たすごい光景……。ショーが終わり、お客さんがテーブルを離れると、グラスだけ片付けて、テーブルクロスごと巾着みたいにして包み上げて、一気にお皿とか残り物を片付けてしまっていました。まるでサンタ

クロースです。びっくりしたよ～～～。あれじゃお皿とか割れたりひびが入ったり……と心配しました。

　最近ではさすがにお皿の具合が悪くなってしまっていたんでしょう～か、ちゃんと片付けをするようになっていますが……。でも相変わらず片付けは早いです……。

その40
お帰りはタクシーで！

　さて、ムーランルージュに入りました。世界的に有名なキャバレーでございます。

　さてさて、ショーの始まりです。とはいえ、まずはバンドの音楽が流れています。つまりお食事タイムでございまして、軽音楽が流れています。女性の歌があり、ドラムセットとギター・サイドギター・ベース等のほんとに簡単なバンドでございます。オーソドックスなスタンダードジャズなんぞを演奏してくれています。観客も聞いているのかいないのか、完全にBGMとなっています。

その40 お帰りはタクシーで！

　途中で、簡単なダンスタイムなどもありまして、なんとなく楽しい時間が過ぎていきます。ダンスタイムには、初老のカップルの方々など数組の方々がダンスを楽しんでいらっしゃいました。
　そんな中で、食事を楽しんでいきます。けっして、星いくつ！！というほどの食事ではございませんが、興津選手は楽しく食事をいただきます。（シャンパンがあればそれだけで満足でござるのだが……）さてさて、その食事も終わりになりますと、バンドがやおら片付けになります。

　記憶によると「只今より～～本日のショ～～の始まりはじまり～～」的なアナウンスはなかったかな？と思います。照明が変わり、スピーカーから大音量の音が流れて、さて～～キタ～！！という感じでショーのスタートになります。それはもうたいそう圧巻なショーのスタートでございまして、たぶん全員がステージに同じ衣装で上ってくるんですね……。このスタートの出だしだけでもう～～「来てよかった」という思いになりますよ。
　これから先は細かく書き込んでしまうと、お店さんから怒られると思いますので書き込みませんが、このスタートから、一瞬の隙もなくステージは進行していきます。途中でパントマイムとか、お笑いまであったりして、言葉はわからなくても全然大丈夫です。客席にはフランス語圏の人ばかりでなく、英語圏の人・ドイツ語・スペイン語・ポルトガル語・イタリア語等ヨーロッパの言語ばかりでなく、それこそ日本語・中国語・韓国語など世界中の方々がお越しになっています。ですから、言葉を介在した

ショーにしてしまいますと収集がつかないし、お客様も偏ってしまいますでしょ？　ですから言葉はいらない！というショーに仕上がっていますので、どこの国の方でも、どんな年齢の方でも、男女関係なく入れますし、楽しいですよ〜〜。

　そして、ショーを楽しみながらお食事もできるし、なにより、フランス！パリの空気感を心底味わえるのです。また、食事の注文が大変だからお仕着せの食事の方が楽だ〜〜〜！！！と当初から思っている位ですから、食事の質はともかく夕食を出してくれる。というだけでもありがたいお話でございます。

　さて、ショーの終了でございます。アッそうそう！！このお店の出口に向かって右手には「お土産屋」さんがあります。ムーランルージュのネームの入ったデザインのお土産がありますので、ご希望の方はお食事の途中にちょっと抜けて、お土産を探してみるのも良いと思います。お帰りの際だと込み合いますし、ただでさえショッピングのオペレーションの悪いフランスですので、ショー終了時間が遅いところにもってきて帰り際にお買い物ですとさらに帰りが遅くなってしまいます。

　最近気が付いたのですが、このお土産ですが、Blanche駅からムーランルージュに向かう右手のところに登り坂があるのですが、その坂道を少し上がるとムーランルージュの路面店のお土産屋さんがあります。お昼から営業していますので、お昼の時間帯、モンマルトルの丘にお散歩に来た時

その40　お帰りはタクシーで！

に覗き込んでみるのも楽しいかもしれません。

　ここでしかお買い物できないムーランルージュのお土産があります。あの有名なロートレックデザインの入っているグラス・カバン・扇子等こまごましたものやら、ワインなどもあります。でも、ムーランルージュのお土産！？と思う方もいらっしゃるとは思いますが、これはこれでパリの一つの文化の表情と思えば良いお土産になると思います。最近ではワインクーラー用の厚手のビニール袋があります。安いしかさばらない。ここでしか買えない。（パリでしょっ！）良いお土産だと思うんですが……。

　さて、余韻に浸りながらキャバレーを後にしてホテルまで帰りましょう。
　ここでとにかく安全に帰りたいのなら、間違いなくタクシーを拾ってください。タクシー乗り場はお店を出て、地下鉄の駅に向かいまして、駅を通り越します。そうしますと、あのタクシー乗り場の看板が見えます。ここでおとなしく「タクシー」さんを待ちましょう。
　ここからの帰りはタクシーさんで帰りましょう……。といったのには理由があります。地下鉄の終了時間が迫っている、という理由とともに、ここの地下鉄路線は非常に危険です。以前興津選手はお客様とムーランルージュに行った帰りに……、ジダン選手が活躍したワールドカップサッカーの試合のすぐあとで、パリ中がお祭り騒ぎになっていたことがありました。
　お店を出てきたら、車という車に若い衆が乗り込んで、大きなフランス国旗を車からせり出して、それこそ「箱乗り」になって……（車の窓に

腰掛けて窓から上半身を乗り出して乗りまわす。という日本的には暴走族にさも似た乗り方）お店の前をクラクションを鳴らしっぱなしで走って行きます。しかも大変な渋滞でございます。お店のガードマンにタクシー来るかな？？といったら、「これじゃ来ないよね……」とにべもありません。またカメラで写真を撮っていたら、「危ないからすぐ隠せ。スリが多いから気をつけろ」と言われました。

　これはもうどうにもなりませんから、やむなく女性のお客様お２人と興津選手で地下鉄に乗り込みました。電車に乗り込んだその時に、右耳に息をかけられて「えっ？！」となっていたら、目の前にいたアラブ系の女性の集団が僕に向かって「スリだ！！」「あいつだ！！」と言った瞬間に、そのスリのお兄さんは電車から脱兎のごとく走りさっていきます。

　一瞬の判断が求められました。ここで追いかけていくと電車のドアは閉まり、旅慣れていない当社のお客様女子２名が電車に取り残される。財布はチェーンでズボンのベルト通しにひっかけてあるので本体は手元というか、ズボンにぶら下がっている。確認したら現金だけがなく、カードは全部無事であった。

　この３点の状況から、興津選手は追いかけるのをやめにして、ドアが閉まるのを、電車内から見ていました。しかし悔しい……。先ほど興津選手の耳に息を吹き替えた「ヤツ」もいつのまにか消えていました。

　いや～～しかし、現金だけ（紙幣のみ）持ち逃げされました。しかも、奥に入れていた日本円まで……。良く見つけるもんだ。さすがプロですね

〜〜〜。じゃなくて！！！これは本当にあることですし、この地下鉄2号線、特にこのBlancheとかPigalleの近辺は昼間でもあまり環境がよくないので、この2号線にはあまり乗らないようにしているくらいです。まあ、こんな経験はしたくない方々は帰りはぜひぜひ「タクシー」でお帰りくださいませ。

その41 最終にて最大ミッション

　さあ！ついに最終日となりました。思えば、マルセイユ3泊。パリ3泊なのですがここまで来ますと早かったな〜〜〜という感覚になりますし、もう帰っちゃうんだという残念感。もう少しいたいな〜〜という憧憬と思い。いろいろな想いが交錯いたします。

　しか〜〜〜し！！　そんな感傷に浸っている場合じゃないんです。なぜなら……非常〜〜に重要なミッションがまだほんの少〜〜し残されているのであります。

　それは何か？

それはお土産です。

　当家の「山の神様」にお土産を買わないといけないんです。これは帰国後少なくとも半年間程度の興津選手の生活を支えるために非常〜〜に重要、且つマストなミッションですと前にも書きましたけどね……。（クドイ……）

　昨日までも買い揃えておきましたが、やはり焼きたての新しいパンの方が良いので、帰りの日の朝の刹那の時間を充てます。さすがにパン屋さんなので、朝早くから営業しています。6時にはおおよそのお店で購入可能です。

　興津選手はご飯党です。朝から一膳のごはんにお味噌汁。お香の物に一菜。いいですね〜〜。日本ですね〜〜〜。最近クールな日本食。ユネスコ無形文化遺産です。日本人には必然ですね〜〜〜。と〜〜こ〜〜ろ〜〜が〜〜。

　当家の山の神様は、「パン党」です。そうです……。小麦粉に塩とかバターとかその他の具材を入れて発酵させた上に、オーブンなんぞで焼くやつです。

　そしてその中で当家の山の神様の一番の大好物は！！「バケット トラディション」、つまりふつ〜〜のフランスパンでございます。これを買ってきてお土産とさせていただいております。

　過去には、お菓子とかクッキーとかお土産にしました……。ブランド

その41　最終にて最大ミッション

物は、ご本人の好みもありますんで、もし買ってきて。「これいらな〜〜い」……。ということになりかねませんので、いっさい手を出しませんが、（本気でダメ出しされたこともありますから〜）パン！！これなら何本でもOK！！なんだそうです。これをスーツケースに入れて持ち帰ります。でもね〜〜〜。尋常な本数ではありません。

　山の神様からお告げ……。いえいえけっして「買ってきてね」とか「食べてみたい」なんていうお言葉があればいいんです。が〜〜〜！ゼッテー当家では考えられません。無言状態で、興津選手の朝食のテーブルの上に、テレビの情報とか、インターネットの情報が、さ・り・げ・な・く・置いてあります。その趣旨……。「食べてあげるから、お土産に買ってきてね！！」という重厚長大な？絶対君主的な！？プレッシャーをおかけあそばされます。

　以前当家の山の神様とともにヨーロッパに出かけたことがあるんですが、その時にお土産でパンを買ってきてしまったことが運のつきでございます。帰国後みょう〜〜〜に喜んでいたんですよね。正直いやな予感はしていました。その後の洋行に於いては、わりと「さりげなく」というか、「気兼ねなく」さも「当然」のように、神様のご宣託が下るわけであります。

　確かに１本約１ユーロ。これを４等分にして冷凍庫へ……。そのパンは毎朝その４分の１本を解凍されて、朝食のテーブルに乗っかっております。ですので、このバケット１本で当家の山の神様の４日間のご機嫌を獲得す

ることできるわけであります。

　これはこれで、興津選手にも良いことがおきます。そうなんです。ブランド物を買ってこなくても良いので何より予算がかからなくて済みます。そして1本で4日間分おいしい。こんな安上がりの代物はございません。しか～～し、問題なのは、買ってくるパン屋さんが、パリの市内中にあちらこちらに点在していること。悪いことに、パリ市内はそんなに大きくない！！と山の神様は思い込んでいらっしゃいまして、パリ市内は新宿と渋谷と池袋を足したくらいでしょ……という感覚の持ち主でございます。ですので、パン屋さんのネット情報を印刷にかけて、「ほい！」ってな感覚で5店舗分くらいを渡されるわけでございます。

　そして1店舗で購入する本数はだいたい3本。これくらいありませんと、そのお店のお味の評定ができないらしいんですね。それを5店舗分。さらに、以前に買ってきたパンでおいしかった～～～！！！と評定されているパン屋さんが3軒あります。確かにこの3軒さんは以前に行ったときに比較的に、お店屋さん同士が近いパン屋さんですので、8号線「La Tour Mauboura」駅1ヵ所で済むのです。本日の目標地点はここになります。エッフェル塔が近くに見える庶民的な地域です。

　昨日の奮闘した、山の神様情報に於いては、地下鉄1号線から18号線に乗り換えて……。そこから徒歩10分。という情報なんですね。興津選手ももう慣れっこになっていまして、ラリーのコマ地図みたいな読解不可

その41　最終にて最大ミッション

能な地図のうえに「フランス語」らしい言語の説明を頼りに歩いていきます。これはこれで楽しいんです。

　昨日の分と合わせて24本を仕入れてきて4等分ですので、約100日分。当家の山の神様は1日で2本食される場合もあり、また、ここに長男坊も参加して食べたりしますので、（長男坊さんよ！！　食べるんじゃないよ！！　興津選手の安泰な生活時間を短くするんじゃないよ！　まったく）この本数でも約2カ月程度持ちます。

　やっぱり本場のパンはおいしいよ。大満足！！という山の神様の表情を拝見できるだけでもありがたい上に、興津選手はこの期間は非常〜〜に穏便な、しず〜〜かな生活を送ることができます。非常〜〜〜に温かい、アットホームな、具合の良い家庭になります。ありがたいことです。しかも6000円もかからずに……。2カ月間の家庭円満。こりゃありがたいでございます。長男坊のテストの点数が悪かろうとも、興津選手が飲んだくれて午前様になっても……。朝起き出さなくても……。静かな落ち着いた温かい家庭を創造することができるわけであります。

　本場のパリの「お味」を堪能されていることで、当家の山の神様のお怒りは鎮められるわけであります。○ルメス・とかシャ○ル・とかルイ・○ィトンとか何かの有名ブランド物であっても、2カ月は持たないでしょ？？

　皆様のお宅様ではいかがなものでございましょう。毎日、山の神様には毎朝パリの空気感と食味と食感を楽しんで頂けます。いや〜〜安いもんで

す。
　買いまわっている時には、当然専用のカバンに入れて歩くのですが、あのパンの香ばしい香りがしますよね。これを地下鉄に乗り込んで運搬しているわけです。そうすると、パリッ子の反応も面白いですよ。ほとんどのパリッ子は、どこからこの香りがするんだ？？という顔をしてあたりを見渡します。これほぼ100％に近い方々ですね……。

「山の神様」大絶賛のパン屋さん

　そして、興津選手のずいぶん膨らんだ手提げ袋から、パンの1部があたかも猫のしっぽみたいに出ているのを確認すると、あ〜〜こいつのせいか……。と納得の表情をされる人と、こんなにたくさんのパンどうするつもりだ〜〜！！的な表情をされる方もいらっしゃいます。まあこちらも、知らん顔して、「ほっといて」という表情をしていますと、まあ放置してくれます……。

その41　最終にて最大ミッション

　さてこれからが大変です。パンを買いまわっている時に、大きなクロワッサンにチーズ・ハム・レタスがサンドされていたパンがあったので思わず買いました。基本興津選手はご飯党ですけれど、この国ではやむなくパンを食べるしかありません。でもお腹が空いていたせいもあってか、この焼きたてのクロワッサンサンドは本気においしかった……。でも8ユーロくらいのお値段。サンドイッチは少々お値段が張りますね。

　そして、買い物が終わり地下鉄から自室に戻り、大慌てで荷造りしてレセプションへ…。お客様も三々五々お集まりいただけました。なにせパリに1泊して、翌早朝からモンサンミッシェルへ泊まりがけでお出かけになられた会員様もお元気なご様子でお集まりです。部屋ごとにチェックアウトしていただきまして、バスに向かうことになります。

　海外のホテルのアンケート調査では、日本人のお客が一番喜ばれるそうです。確かに日本人は綺麗好きですので、チェックアウトした部屋でもごみが散乱している！！ってことはあまりないですよね。そして部屋の大きさとか、窓からの眺望だとか。あまり文句もいいませんでしょ？　さらにクレームをつけて値段を下げよう……なんてこともないし、ルームサービスなど、退室時の精算もほぼないと思います。つまり手間がかからなく、金払いもよく、おとなしくて、綺麗好き。こんなところが評価されているのでしょう。

その42

ヨーロッパ出国　CDGでのお仕事

　さて、当家の「山の神様」への貢物としてフランスパンの購入がすみました。(最重要！)

　何本ものパンをホテルに持ち帰り、スーツケースに投げ入れます。あれだけの本数のパンですが、ビニール袋の大きいやつ（40リッターくらいの袋です）に2重にして詰め込んで、やおらスーツケースの蓋を閉じれば何とか納まってくれます。

　パンは結構水分を含んでいるのでビニール袋に入れてもって帰ってきますと、自宅に帰り着いた時には「しんなり」しています。折れる心配はありません。ご安心ください。是非お試しあれ。

　今回は人数が多いのでバスをチャーターしてあります。バスに乗り込むだけでシャルルドゴール空港に着くという非常に便利な行程でございます。

　パリ⇔CDGの場合、興津選手個人で行くときは、ロワシーバス（公共

その42　ヨーロッパ出国　CDGでのお仕事

バス）をいつも使います。これは安いし、安心していられます。CDG 2の各ターミナルを出ると、ターミナル1に立ち寄り、パリのど真ん中オペラ座の脇に「ノンストップ」で行きます。逆はオペラ座からノンストップでCDG 2・1の各ターミナルへノンストップで着きます。道路の混み具合によりますが、最大でも1時間程度で目的地に着きます。これはいいですね……。（2012年は12ユーロでした）

あとは、RERというフランスの国鉄がありまして、CDG空港と市内を結んでいます。B線（南北方向の幹線）です。これはバスより安いんですが、国鉄なので行き先に気を付けねばなりません。空港から市内へはまだ楽なのですが、市内から空港へ行くときは特にご注意ください。市内から空港方向へは途中で先分かれしていて、右方向にいくと空港には着きません。

一度CDG 2の2つ手前の駅が国際展示会場前でして、パリ市内から向かいましたら電車がこの右線路に入っていくではありませんか……。びっくりして次の駅で引き返したのですが、自動改札でしかも上りホームに渡れない仕組みになっていました。本当に……やむなく、チケットを取られて一度外まで出て、再度その駅からのチケットを買いなおして上りホームへ。1駅行き、そこで乗り換えをして向かった。という経験があります。

それと、この国鉄に乗車している方々なんですが、けっして上品な方々とは言いにくい感じの方々が多く乗車されていますので、できましたらロワシーバスあるいはタクシーをおすすめします。タクシーの場合はとにか

く時間帯に注意してください。渋滞にはまると、予想以上に時間がかかってしまいます。

　これも経験談なのですが、ホテルの前にいたミニバンの運ちゃんが、こちらは4人でいたのですが、全員がスーツケースを引きずってきているので「しめた！！こいつら空港行くぞ！」と目をつけてきて声を掛けてきました。案の定、空港までのお客さんを待っていまして、100ユーロでどうだい？といってきました。（通常1人でタクシーにのると80ユーロ程度かかります。4人ですからまあいいかな？という感じの値段と判断しました）
　こちらの飛行機の時間を言ったら、まだ2時間半あるから「全然大丈夫だ！！」と胸を張るので、まあ確かに通常なら1時間でつくし、人数も多いし、オペラ座に近いホテルではなかったのでスーツケースも地下鉄・電車に乗せないといけないので面倒くさいし、じゃあタクシーで行こうという事で乗り込みました。そうしたらこの運転手さん「時間にも余裕はあるし、そんなに混んでいないみたいだから……」と高速道路を使わないで、一般道を勝手に選んでいました。
　確かにこちらは、CDG 2Eターミナルに時間前に着けばいいんです。しか〜〜しこの日は一般道が工事のためやたらに混んでいます。だんだんと表情が曇ってきました。そこで興津選手は、「高速道路に回り込め！！」とこの運転手さんに英語で言ったら、高速道路の入り口からは離れている。もう無理だ！ってな返事。こちらは時間がないんだ！どうするんだ？みた

その42　ヨーロッパ出国　CDGでのお仕事

いな感じで車内は非常〜〜に険悪なムードになっていきます。

　やむなく、携帯電話で日本のJALに電話して状況を説明し、「CDGのAFカウンターに向かっている！！！　少し遅れるかもしれないと連絡をしてほしい」と国際電話しましたが、JALとAFの関係からかチケットの特性からか「これは難しい」ってなことしかいいません。こうなったらいつものよしみを頼りに、大阪のツアーデスクさんに電話して（現地は朝なので日本は夕方、なんとか電話は通じましたが）対応をお願いしてみましたが、やれるところまではやってみますが、残念ながらフランスの場合はお役所仕事的に融通はきかない場合が多いです。とやんわりと「ガンバッテネ」的なご回答でございます。

　このターミナルでの搭乗手続き（お役所仕事的）はホントに融通がきかないんですね〜〜。

　結果は、搭乗手続き終了時間の5分前にターミナルに着きました。当社のスタッフ1人に4人分のチケットを持たせ、手荷物は興津選手が持つからとにかくチェックインカウンターに走れ！！　こんな時でも、やっぱり……といいますか、免税手続きをしたい！！という方もいらっしゃいまして、興津選手は免税申請所にスーツケースとともに走ります。このときはホントに幸いにも免税カウンターは空いていて、早めに免税手続き終了。そこに当社スタッフが迎えに来て、「何とかなりました！！」という報告を聞いた段階で、やっとほっとした記憶があります。

忙しいところでタクシーの精算でしたが、それでもこの時のタクシー代金は運ちゃん（いきなり運転手さんから運ちゃんに格下げ…笑）と交渉の末、70ユーロに値切りました。当然でしょ？　電車で行くつもりだったので、4人前の電車代金に近い金額で手を打って差し上げました。（まったくもう……高速代金ケチろうとするから損するんだよ）

　さて、今回のツアーでは、30人近くのメンバーでCDG 2階にご到着。この最後のバスでご挨拶をさせていただき、また現地のガイドさんから空港のガイダンスやら免税申請について等のアナウンスがありました。さすが！！ツアーデスクさんが、事前にホテルにあったPC端末から作業をしてありましたので、手荷物の預け入れチェックインはスムーズに終了。

　その前に現地のガイドさんと興津選手は免税手続きを必要としている方々をお連れします。スタンプをもらって、（お店でお買い物をしたときに説明してくれていますので思い出しましょう。用紙によって押す場所が違っていたりします）そして封筒に入れて専用の箱か、郵便ポストに入れておけば免税手続き終了です。免税とは、いわゆる消費税は国外の観光客には該当しないのでその分を返してくれる。というシステムですので、堂々と申請すればよいわけです。お店にもよりますが、おおよそ3万円以上になれば免税手続きをしてくれると思います。その返金の方法ですが、
　①CDG空港内で返金してもらう。当然ユーロになります。（最終的には

日本円両替に手数料がかかってしまいます。しかもいつでも返金カウンターは混んでいます）

②日本国内にて日本円で受け取る事もできると思います。（やったことがないのでよくわかりません）グローバルブルー（旅行者が諸外国で支払った付加価値税の払い戻しサービスを提供する会社）なら、押印があれば成田では日本円で返金してくれるそうです。羽田にはないみたいです。またグローバルブルー以外は無理らしいです。

③簡単なのはカード精算にしておいて、そのカード精算口座に返金してもらう。という方法が一番便利だと思います。これは明細に出てきますので、確認もできます。ただし！半月からひと月くらい時間がかかる場合があります。

ついでに、ヨーロッパの場合、ユーロ圏内の免税手続きはユーロ圏最後の出発地でします。今回はフランス国内だけでしたからCDGで問題ないのですが、例えば、フランス→イタリア→イギリス→フランス→帰国の場合は、最終出発地のフランスCDGですべての国の買い物の免税手続きになります。また、フランス→イタリア→イギリス→帰国の場合は、すべての国で買った商品の免税手続きはイギリス「ヒースロー空港」でする事になります。

実は、以前にこんな経験をしました。ヒースロー空港の免税手続きカウンターは、航空会社のカウンターで搭乗券をもらい、手荷物を預け、パスポートコントロールを抜けて、ボディチェックが終わってロビーに入って

から！という事で、「山の神様」への貢物「ダックスとかアクアスキュータムとか」でぎりぎり免税になるようにバーゲン衣料を購入したら、空港で機内持ち込み荷物に入れて免税手続きだったので、手荷物が異常〜〜に大きくなってしまって大変だったという経験があります。

その43
興津選手らしいな
〜〜成田の流れ解散〜〜

　はあ〜〜（ため息）CDGに入った〜〜。免税の手続き終了。チェックイン終了。手荷物預入終了。パスポートコントロール終了。ボディチェック＆手荷物検査終了。搭乗口も確認終了。となれば、もう放し飼いですよね……。最後の免税品のお買いもの。多少どうでもいい人用のお土産で、クッキーとかチョコレートの束売りのセール品のご購入。あるいはお化粧品のご購入。タバコもありますが、日本製のタバコは売っていませんのでご注意ください。日本の免税範囲は、日本産のタバコ1カートン、（200本）外国産たばこ1カートン。（200本）そして、日本持ち込みは酒類3本まで無税等です。酒類は3本を超えると税金がかかります。

その43　興津選手らしいな〜〜　成田の流れ解散〜〜

　ウィスキー・ブランデーは600円。ラム・ジン・ウオッカは400円。リキュール・焼酎は300円。ワインは200円（すべて1リットルあたり）です。例えばウィスキーだと600円ですが、ロマネコンティのような超高級ワインでも200円で済むということです。（ワインはだいたい760mlですので152円で済みます）

　バッグとか洋服とか宝石ですと、購入代金の60％の金額にしてから15％の税金です。つまり購入価格10万円なら10万×60％×15％で9000円です。時計は国内消費税分程度がかかります。

　興津選手は自分へのお土産としてワイン等を3本も購入すれば御の字ですので、3本以上購入したことはありませんが……。でも、免税店で、わりと具合いの良い「シャンパン」「スパークリングワイン」「シャンパン」という買い物もしたことがあります。

　だって、飛行場の外でワインを買ってしまうと機内持ち込みの荷物にはしてくれません。持ち込み禁止です。従いまして手荷物の中に入れねばなりません。そして割れも心配ですよね……。

　それと、日本に帰りますと現地コインは両替してくれません。ですので「コイン」はできるだけ使っちゃいましょう。使い方はチョコレートとか、何か買い物したときに、①コインを全部レジでぶちまける。②レジの人と一緒にカウントする。③そして足らない分をクレジットカードで精算する。これです！　空港内免税店のレジの係の方は慣れていますので、わりと面

倒くさがらずに精算してくれます。あるいは、不足額がホントに少ないと、「いいよ！おまけ！」なんて言って負けてくれる時もあります。ちょっとラッキーな気分になる時もあります。やっておきましょう。チョコレート、お菓子とかで少額コインは使い切っちゃいましょう。

　という状況が続きまして、飛行機の出発時間をまっています。でもね〜〜。遅れているみたいなんです。飛ぶことは飛ぶらしいんですが、遅れています。アナウンスが入ります。少々遅れます。次の放送では20分遅れます。その時間が来ても、30分遅れます。おいおい！いったい何時になったら動き出すんだ？？！！　そうこうしていると、1時間遅れます！！なんて放言しています。やってくれますよ……。エールフランスさん。
　まあ、こちらは無事に日本に帰りつけば良いので、まあいいかと思って待っています。この時はまだことの重大さを認知していませんでした。会員様と「まったく困ったもんですね〜〜」等と談笑していましたが、結局1時間半くらいの遅れでシャルルドゴール空港を後にしました。

　これから12時間位のフライト時間です。
　ワイン・シャンパン・食事・睡眠・カップラーメン・睡眠・映画鑑賞。と一通りのマニュアル行動が終わると成田に到着です。

　いや〜〜〜帰ってきた〜〜。日本だ〜〜。それじゃあみなさんで最後に

その43　興津選手らしいな〜〜　成田の流れ解散〜〜

パリのエッフェル塔前で

集合して、解団式をしましょう。と思っていたら、「乗り継ぎのお客様！！どうぞお早目にお乗り継ぎください〜〜〜！！」と地上スタッフが叫びまくっています。会員様も日本各所からお越しでございまして、解団式どころではありません。一目散に乗り継ぎ便に一直線です。

　解団式をやって、最後のお別れをして、……という思惑は大外れ……。当社のツアーらしい、なんとなくしまりのない最後になってしまいました。でもでも。皆様が、誰1人大きな事故にも遭遇せず、無事に帰ってこられました。ありがたいことではあ〜りませんか。

253

おわりに

　本書をご一読いただきました皆様、最後までおつきあいいただきまして誠にありがとうございました。

　パリのビストロあたりで、昼間からロゼワイン（ロゼスパークリングワインの場合もあり）のフルボトルをテーブルに乗せ楽しんでいる日本人がいたら、ちょっと気にしてみてください。

　それは私かもしれません。

　そんなときは、ご一緒に飲みましょう〜〜〜！！！　お気軽にお声を掛けてくださいませませ。一杯ごちそうさせていただきまっせ。

　それでは皆様。

　オーボァール

興津 秀憲（おきつ　ひでのり）

昭和32年3月24日東京都生まれ
府中六小・府中五中・日本大学鶴ヶ丘高・日本大学経済学部卒
国分寺ローターアクトクラブ・国分寺青年会議所（第25代理事長）OB
国分寺市市議会議員3期10年。第18期東京都議会議員4年。
平成8年にフレーバーライフ社創業現在に至る。http://www.flavorlife.com/

趣味：中学校以来吹奏楽を楽しむ。
　　　　（平成28年現在国分寺市交響吹奏楽団在籍。トロンボーン並びに団員指揮）
　　　ゴルフ（下手の横好き）
　　　スキー（小学校4年より…でもあまり上手くない）
好物：よ～～く冷えたロゼワイン。スコッチウイスキー。＆おいしい物。
家族：妻（山の神様）と長男との3人暮らし。

＊本書は株式会社フレーバーライフ社創業20周年記念として刊行いたしました

arôme 【香り】
プロヴァンス・ラベンダーの里をたずねて

2016年7月1日　初版　第一刷発行

著　者	ⓒ 興津 秀憲
発行者	八木 絹
発行所	戸倉書院
	〒 185-0032　東京都国分寺市日吉町 2-16-42
	電話・FAX　042-574-8012
	E-mail　tokurashoin@gmail.com
	URL　https://tokurashoin.wordpress.com/
発売所	株式会社　本の泉社
	〒 113-0033　東京都文京区本郷 2-25-6
	電話　03-5800-8494　　FAX　03-5800-5353
	E-mail　mail@honnoizumi.co.jp
	URL　http://www.honnnoizumi.co.jp
装　幀	本間 達哉（東方図案）
印刷／製本	モリモト印刷株式会社

本書に掲載した写真は、見出し写真の一部を除き、すべて著者・ツアー参加者の撮影です。地図を含め、無断転載はご遠慮ください。
落丁本・乱丁本はお取り替えいたします。定価はカバーに表示してあります。

ⓒ 2016, Hidenori OKITSU
Printed in Japan　ISBN978-4-7807-1257-5 C0026